La responsabilité sociétale de la profession achat

Éditions d'Organisation
1, rue Thénard
75240 Paris Cedex 05
www.editions-organisation.com

ISBN : 2-7081-3281-4

Michel JORAS et Jean LEPAGE

Les grilles d'analyse
de la responsabilité sociétale professionnelle

Collection dirigée par Michel Joras

La responsabilité sociétale de la profession achat

Éditions
d'Organisation

Préface

Les acheteurs impliqués en première ligne dans leurs entreprises pour soutenir les avantages durables d'une économie sociale de marché émergente trouveront dans l'ouvrage de Michel Joras et de Jean Lepage une méthode novatrice et pratique pour faire vivre la responsabilité sociétale professionnelle dont ils sont garants et promoteurs.

Que cet ouvrage devienne un guide de référence et que les auteurs en soient remerciés au nom de notre Compagnie.

Gérard Doiteau
Président de la CDAF

Sommaire

Deuxième partie
La Profession achat

Troisième partie
La responsabilité sociétale professionnelle des acheteurs

Le CE.DS et la CDAF

CE.DS[1]

Fondé en 2003 le « Cercle d'études pour le développement sociétal » (CE.DS), s'est donné pour but d'approfondir les réflexions, les recherches et l'enseignement sur le développement sociétal, dans le cadre du développement durable, de la responsabilité sociale, et de leur gouvernance.

Le CE.DS réunit des responsables reconnus pour leur expertise et leur engagement dans le monde économique et universitaire, et au sein de la société civile.

Le CE.DS s'est constitué en « Comité des parties prenantes » à la disposition d'organisations d'analyse, d'évaluation, d'audit de la responsabilité sociétale des entreprises, particulièrement dans le cadre des dix principes directeurs du Pacte Global de l'ONU.

Les membres du CE.DS s'efforcent de promulguer les valeurs universelles qui les unissent, en agissant par des bonnes pratiques et conduites éthiques dans leur sphère d'influence.

1. CE.DS - 117 rue d'Aboukir, 75002 Paris, www.ce-ds.asso.fr

CDAF[1]

La Compagnie des Dirideants et Acheteurs de France, association loi 1901 sans but lucratif, ni commercial, ni syndical, est née à la fin de la Seconde Guerre mondiale. Elle s'est donnée pour mission d'assurer la promotion de la fonction Achat-approvisionnement dans les entreprises et d'en accroître l'efficacité.

Elle a pour objectif de :

- établir des liens entre professionnels de l'achat et de l'approvisionnement et de la logistique ;
- provoquer des recherches, diffuser des idées nécessaires à l'amélioration des résultats de la fonction des achats dans les entreprises ;
- dispenser par sa filiale CDAF-Formation/conseil (SAS) une formation continue mettant en œuvre les techniques les mieux adaptées aux objectifs pédagogiques recherchés (ESAP) ;
- promouvoir l'image de la fonction ;
- contribuer au développement économique du pays.

La CDAF est présente dans 6 délégations régionales.

1. CDAF - 2/4 rue Paul Cézanne, 93 364 Neuilly Plaisance, 01 43 08 20 20 http://www.cdaf.asso.fr

Avant-propos

Ce livre sur les responsabilités sociétales de la profession achat inaugure une réflexion sur la « responsabilité sociétale professionnelle » d'une profession considérée comme un « corps constitué par tous ceux qui pratiquent le même métier »[1].

Le but de cet ouvrage, novateur et pratique, est de mettre une profession face à ses responsabilités et de donner confiance à l'opinion publique, nouveau régulateur d'une économie qui s'essaye à la prise en compte du développement durable.

En s'appuyant sur la définition de la responsabilité sociétale de l'entreprise (RSE) donnée par le « Livre vert » de la « Commission des communautés européennes » (CCE) du 17 juillet 2001, la responsabilité sociétale professionnelle (RSP) pour une profession donnée serait non seulement la pleine satisfaction aux obligations légales mais aussi « l'intégration des préoccupations sociales et écologiques (sociétales) à ses prestations spécifiques internes et externes désignées et leurs relations avec toutes ses parties prenantes ».

1. Dictionnaire Hachette 2005 ; Dixeco Dunod 1992.
Métier : tout genre de travail reconnu et utile à la société et à l'entreprise ; il donne lieu à des activités comparables, et en conséquence à un ensemble de compétences identiques.

Cet ouvrage se propose de :

1) sensibiliser les dirigeants responsables d'une profession à ses responsabilités sociétales ;
2) faire prendre conscience à tout professionnel que sa responsabilité sociétale a des implications pour toutes les parties prenantes concernées par ses propres prestations ;
3) permettre à tout dirigeant d'entreprise de comprendre que la responsabilité sociétale de l'entité dont il a la charge est la somme des responsabilités sociétales de chaque profession participant tant à la production de valeurs qu'à la création de dangers éventuels générés par des prises de risques mal maîtrisées ;
4) offrir aux analystes vérificateurs, aux auditeurs, aux examinateurs pour la notation RSE, un outil pour leurs nouveaux champs d'intervention ;
5) amener les participants aux marchés publics de l'Union européenne à acheter écologique[1].

La complexité du thème de l'ouvrage ne permet pas d'en faire un « guide à tout faire » mais plutôt un « guide à réfléchir » sur le « cœur de métier » d'une profession face à ses responsabilités sociétales, et d'en suggérer une grille d'analyse.

1. Directive CCE de l'Union Européenne du 31 mars 2004.

première partie

La responsabilité sociétale professionnelle

La première partie de cet ouvrage trace un cadre conceptuel pour la RSP et énonce 14 questions clés pour en apprécier la portée novatrice dans le management des entreprises et des collectivités, à partir de 7 démarches essentielles.

En fonction des caractéristiques spécifiques de la profession achat qui auront été précisées dans la deuxième partie, le lecteur pourra alors dans la troisième partie comprendre comment la profession achat pourrait faire vivre sa RSP.

CHAPITRE 1

RSP, de quoi parle-t-on ?

Dans ce chapitre, le lecteur trouvera une définition précise de la RSP et verra quels courants de pensée ont contribué au développement de ce concept et quels sont leurs apports particuliers.

1. Le poids des mots
   - 1.1 Professionnel
   - 1.2 Sociétal
   - 1.3 Responsabilité
   - 1.4 RSP
2. Quels précurseurs identifier ?
3. Qu'ont apporté les différentes approches au concept de RSP ?
   - 3.1 Le développement durable analyse les interfaces entre l'économique, le social, l'environnemental
   - 3.2 La théorie des parties prenantes délimite le périmètre de l'entreprise
   - 3.3 La philosophie de l'éco-économie et de l'éco-responsabilité confère une dimension mondiale
   - 3.4 Le courant de l'éthique des affaires apporte une légitimité philosophique

1. Le poids des mots

« Tout partage d'information présuppose une convention sémantique,

Paul WATZLAWICK[1] ».

Le concept novateur de Responsabilité Sociétale Professionnelle (RSP) est fondé sur la conjugaison sémantique de trois mots : professionnel, sociétal, responsabilité.

1.1 Professionnel

- En tant qu'adjectif, le mot désigne ce qui a trait à une profession ; comme nom, il désigne une personne qui exerce une profession caractérisée par les prestations du métier particulier qu'elle assume.
- Dans le triptyque RSP, « professionnelle » caractérise une profession selon les éléments fixés par Fragniere (G) dans le « Vocabulaire des formateurs » de l'Afpa[2] :
  « La notion de profession implique quatre éléments différents dont les interactions expliquent l'évolution de l'ensemble :
  - une profession est une fonction dans le système économique, elle détermine une activité spécifique ;

1. Une logique de la communication - Seuil (1974).
2. Le vocabulaire de la formation - Afpa (1992).

- une profession se définit aussi par un ensemble de compétences ou de qualifications, qui détermine un certain comportement et établit un certain pouvoir des rôles ;
- une profession est aussi un groupe social organisé qui facilite l'identification sociale, sert d'organe de défense des intérêts de la profession ou assure la discipline de ses membres ;
- une profession s'identifie aussi par le système de formation adaptée et spécialisée qui sert d'initiation sociale et de porte d'entrée dans la profession.

L'importance respective de chacun de ces éléments dans l'identification d'une profession dépend elle-même de facteurs juridiques[1], socio-économiques, historiques et culturels qui sont à l'origine de grandes différences d'un pays à l'autre. ».

- Au cours du temps et au fur et à mesure des mutations technologiques et organisationnelles les professions évoluent, disparaissent, se stabilisent.
- A leur propos se côtoient des classements divers, souvent contradictoires, incomplets, et qui confondent parfois métier, spécialité, secteur d'activité, branche…

1. Le cadre juridique mondial fait référence pour les pays romano-germaniques au droit civil, pour les pays anglo-américains et du CommonWealth au common law, pour les pays musulmans au code musulman, enfin certaines régions utilisent un droit coutumier (ex : Asie centrale)

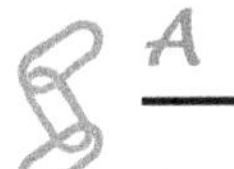

A noter

On retiendra particulièrement les typologies des Ministères, de l'Apec, de l'ANPE, de l'Afpa, du Centre-Inffo, des OPCA[1]...

- Dans un souci réel de clarification, vient d'être créée en 2002 une Commission Nationale de la Certification Professionnelle (CNCP – décret 2002/616 26 avril 2002), qui aura pour mission l'inscription des métiers au Répertoire National de la Certification Professionnelle (RNCP – décret 2002/616 26 avril 2002).

1.2 Sociétal

- Dans le cadre de la RSE du Livre vert de la CCE de 2001, le terme social signifiait que la responsabilité d'une entreprise était engagée en sa qualité d'entité sociale (société, collectivité), et non au regard du seul volet social de ses préoccupations[2].
- Au fur et à mesure que la RSE fut prise en compte par le monde économique et social en France, il apparut très vite que le terme social était trop restrictif, sinon préteur de fausses interprétations. Aussi le mot sociétal[3] prit vite la place du

1. www.apec.fr, www.anpe.fr, www.afpa.fr, www.centre-inffo.fr, *www.opca.fr*
2. Igalens (J) et Joras (M), La Responsabilité Sociale de l'Entreprise – éditions d'Organisation, 2002
3. Le fascicule SD21000 de l'Afnor, dans sa présentation finale d'avril 2003 titre : « prendre en compte le développement durable dans la stratégie et le management de l'entreprise », et sous-titre : « responsabilité sociétale de l'entreprise ».

mot social, pour considérer la société dans sa globalité à partir des trois approches du développement durable : une croissance économique équilibrée, un progrès social, une protection de l'environnement.

1.3 Responsabilité

- Aujourd'hui[1] être responsable consiste à : être chargé de faire quelque chose ; répondre de ses actes, en être garant, comptable ; prendre conscience de quelque chose ; ne pas faire n'importe quoi ; être éthiquement correct.
- Le livre blanc de la Commission des communautés européennes sur la Gouvernance[2] après le Conseil Européen de Lisbonne en 2001 a donné au terme responsabilité le sens qui s'adapte au trinôme RSP : « clarté du rôle de chacun dans son intervention, au niveau de l'élaboration, de la décision, et de la mise en œuvre… chacun des acteurs assumant son rôle dans son propre domaine de compétences, mais dans un processus d'interaction et d'évolution constante ». La responsabilisation des acteurs d'une profession s'accentue par la responsabilisation des parties prenantes (figure n°1).

1.4 RSP – Responsabilité sociétale professionnelle

Dans ce tryptique c'est le terme responsabilité qui est porteur du concept novateur et mobilisateur qu'exprime la RSP dans sa globalité.

1. Dictionnaire illustré Larousse 1985.
2. La gouvernance traduit le respect des règles fixant les modalités pour un bon fonctionnement régulier des organes sociaux (conseils…) d'une entreprise.

La responsabilité sociétale d'une entreprise RSE, se traduit par un jeu de feed-back permanent allant de la responsabilité professionnelle des prestateurs d'une profession (les prestateurs) à celle des parties prenantes (les clients), par des effets en boucle des prestations et des réactions à celles-ci.

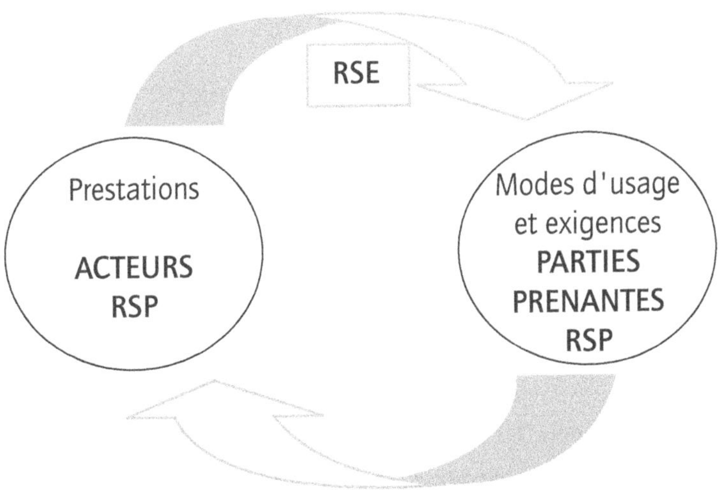

Figure n°1

2. Quels précurseurs identifier ?

La paternité de la RSE peut être attribuée à BOWEN (HR) lorsqu'il publiait en 1953 « *Social Responsabilities of the businessman* » (New York, Harper et Row)[1].

A partir des travaux sur les théories de la RSE[2], le concept de RSP de cet ouvrage intègre le principe de la bonne gouvernance des organisations dans le cadre évolutif d'une « soft law », considérée comme deuxième volet de la régulation des affaires à côté du droit réglementaire (cf figure n°5, page 51).
La « soft law » a été introduite dans les déclarations des grands organismes internationaux (ONU, OCDE, OIT, etc..) sous la forme de principes directeurs énoncés dans des normes, des chartes, des codes déontologiques, émis volontairement.

Une définition de la soft law

Elle pourrait être considérée comme un droit que l'on s'assigne, selon des règles de conduite que l'on se donne, pour lesquelles on s'engage. Celle-ci n'a pas pour vocation de se substituer au droit mais plutôt de baliser des espaces où le droit n'existe pas ;

1. Devenu le « modèle de Harvard », « La responsabilité sociale de l'homme d'affaires » ; « l'obligation morale que peut ressentir l'homme d'affaires de prendre en compte les conséquences de ses activités sur les membres de la société civile ».
2. Davis (K), Can business afford to ignore social responsibilities?- Californian management review 1960 ; Friedman (M), Capitalism and freedom – University of Chicago 1962.

elle représente une forme d'engagement, entre la simple pétition de principe et l'accord négocié[1].

Les concepts de RSE et de RSP sont en étroite relation, comme en atteste un postulat possible proposé par le CE.DS : dans sa chaîne de production, la RSE d'une entreprise est la somme des RSP des professions intervenantes.

1. Batat (O), in revue Entreprises et carrières – avril 2004.
traduite en français par « Droit mou ».

3. Qu'ont apporté les différentes approches au concept de RSP ?

Des courants de pensée, les pressions des États, du marché, de la société civile et ce en particulier depuis 1992 lors de la conférence de l'ONU à Rio de Janeiro[1], ont contribué à l'émergence de la RSE et maintenant de la RSP, par sept approches et apports divers qui peuvent servir de fil directeur :

1 : le développement durable,

2 : la théorie des parties prenantes,

3 : la philosophie de l'éco-économie,

4 : l'éthique des affaires,

5 : l'émergence d'un droit de la sécurité,

6 : la gestion des effets des prestations professionnelles,

7 : la modélisation du management des prestations.

3.1 Le développement durable analyse – les interfaces entre l'économique, le social, l'environnemental

Comme le préconisait la CCE dans sa communication du 2 juillet 2002, la RSE doit être comprise comme une contribution des entreprises au développement durable ; en conséquence la responsabilité sociétale doit prendre en compte les

1. Déclaration de Rio de Janeiro 1992 – agenda 21.

principes du développement durable défini comme « un développement qui permet aux générations présentes de satisfaire leurs besoins sans remettre en cause la capacité des générations futures à satisfaire les leurs »[1]. A cette ardente incitation, l'Afnor dans son fascicule de documentation SD 21000[2] ajoute : « Pour les organisations, la problématique de développement durable implique une vision élargie de la responsabilité : dans l'espace, en identifiant les implications dans le monde entier, dans le temps, avec la responsabilité vis-à-vis des générations futures, et indirectes à travers les répercussions dans les sociétés humaines et les écosystèmes. Cette vision dépasse la seule prise en compte des parties intéressées. Ces dernières sont principalement concernées par les retombées territoriales des activités, les impacts sur le développement durable local, à travers la chaîne d'approvisionnement et l'ensemble du cycle des produits et services ».

Co-acteurs de la RSE, chaque département d'une entreprise et tout professionnel devraient prendre en considération les trois volets du Développement Durable, constitués par des interfaces économiques, sociales, environnementales, décrites ci-dessous[3] :

interface économique – social :

- respect des droits sociaux et des règles de bonne gouvernance (actionnariat des salariés) participation aux résul-

1. Rapport Brundtland à l'ONU 1987.
2. www.sd21000.org.
3. In SD21000 de l'AFNOR, février 2003. Dans l'étude des impacts de ses activités, cette nomenclature permettra au professionnel de faire l'état de la prise en compte de critères, dont l'absence serait génératrice de disfonctionnements et de risques.

tats, communication des objectifs et appropriation par le personnel,
- objectifs de socio-efficience, respect de l'intégrité physique et mentale du personnel,
- évaluation du climat social, anticipation financière et sociale des conséquences de choix stratégiques…

interface économique – environnement :

économie des ressources, éco-efficience, écodesign, valorisation des sous-produits, écologie industrielle, prise en compte du cycle de vie des produits et des services…

interface social – environnement :
- aspects hygiène – sécurité – santé,
- gestion des risques professionnels,
- gestion des risques environnementaux,
- intégration de l'entreprise dans son bassin d'emploi, participation à la vie locale et citoyenne…

3.2 La théorie des parties prenantes (stakeholders)[1] délimite le périmètre de l'entreprise[2]

Comme indiqué dans le Livret vert de la CCE, la Responsabilité sociétale implique la prise en compte des relations de l'entreprise avec les parties prenantes internes et externes ; ou primaires et secondaires.

1. Igalens (J) et Joras (M), La responsabilité sociale de l'entreprise – Éditions d'Organisation, 2002.
2. Pesqueux (X), Biefnot (Y), L'éthique des affaires – Éditions d'Organisation (2002).

- Les premières sont impliquées directement dans le processus économique et ont un contrat explicite avec la firme (salariés, actionnaires, clients…) ; leur principale attente est d'obtenir des produits et prestations au meilleur prix en considérant la qualité requise, la rentabilité du capital investi, ou l'amélioration des conditions économiques et sociales de travail. Pour diverses raisons ces parties sont de plus en plus porteuses d'autres enjeux notamment en matière environnementale et sociale ;
- Les secondes ont des relations, volontaires ou non, avec l'entreprise dans le cadre d'un contrat implicite ou moral (voisins, associations, ONG…).

Exemple selon deux nomenclatures

- Le guide SD 21000 de l'Afnor, dans son annexe 2, désigne ainsi les parties intéressées par les activités commerciales d'une entreprise :
  - actionnaires et propriétaires,
  - pouvoirs publics,
  - financiers et banques,
  - assureurs,
  - employés et syndicats,
  - clients,
  - fournisseurs,
  - sous-traitants,
  - distributeurs,
  - consommateurs,
  - concurrents,
  - communautés locales et territoriales,
  - ONG.

- La revue futurible n° 288 (juillet-août 2000) propose une nomenclature plus détaillée :

Tableau - Les parties prenantes	
1 - Actionnaires	
2 - Conseil d'administration	
3 - Comité exécutif	
4 - Filiales (nature des relations, de la valeur ajoutée...) a) Sous contrôle b) Participations minoritaires	
5 - Cadres dirigeants sans mandat social	
6 - Personnel a) Selon niveaux (cadres, non-cadres) et catégories (nature des contrats) b) Leur famille	13 - Syndicats professionnels, Organismes professionnels ou Interprofessionnels (nationaux, Internationaux, *lobbies*...)
7 - Syndicats d'employés a) Internes b) Nationaux, internationaux	14 - Concurrents a) Du même secteur b) Hors secteur et profession
8 - Clients a) Selon apports (part du chiffre d'affaires, de la valeur ajoutée, image, connaissances, fidélité) b) Nature (particuliers, entreprises, administrations ...)	15 - Administrations locales, nationales Européennes et internationales a) Infrastructures fournisseurs de ressources (école, transport, télécoms) b) Administrations de contrôle (finances, normes, sécurité, travail...)
9 - Fournisseurs de compétences (recherche, consultants, formateurs...)	16 - Responsables politiques locaux, nationaux
10 - Fournisseurs des matériaux, pièces ou machines permettant de construire l'offre produit ou service a) Partenaires réguliers b) Fournisseurs (soumis à appels d 'offres	17 - Société Civile a) Associations de clients de consommateurs b) Organisations non gouvernementales

11 - Sous-traitants (de fonctions externalisées nécessaires à la bonne marche de l'entreprise, par exemple informatique, sécurité, gestion...) a) Partenaires réguliers b) Fournisseurs (soumis à appels d'offres...)	18 - Prescripteurs (analystes financiers, agences de *rating*, prescripteurs, particuliers à un métier...) 19 - Médias
12 - Distributeurs des produits ou services a) Partenaires réguliers b) Fournisseurs (soumis à appels d'offres...)	

- Lorsqu'une profession intervient dans une entreprise française soumise aux obligations de la loi NRE de 2001[1], certaines parties prenantes sont légalement concernées[2] en matière de reporting :
  - le Conseil d'Administration,
  - le Comité d'entreprise, le CHSCT, les délégués,
  - l'expert-comptable,
  - les Commissaires aux comptes,
  - et si constitués, les comités d'audit, d'éthique...
- L'intégation de la problématique des parties prenantes par une profession peut être ainsi résumée :
  - établissement d'un dialogue avec les parties prenantes,

1. Loi n°2001/420 « nouvelles régulations économiques » NRE 15 mai 2001, article 116, concerne les sociétés dont les titres sont admis aux négociations sur un marché réglementé.
2. Igalens (J) et Joras (M), La Responsabilité Sociétale de l'Entreprise – Éditions d'Organisations (2002).

- affirmation d'une démarche de progrès et d'amélioration continue,
- création de valeur, en articulant systématiquement performances sociale, environnementale, et économique.[1]

- L'introduction de la notion de parties prenantes, qui sont concernées par les activités d'autres intervenants, tend à s'étendre à la notion de « mise en responsabilité des acteurs »

C'est ainsi que, dans son discours du 14 juillet 2004 au sujet du Plan sur la Sécurité Sociale le Président Chirac désignait les acteurs : malades, partenaires sociaux, caisses, systèmes de santé.

3.3 La philosophie de l'éco-économie et de l'éco-responsabilité confère une dimension mondiale

le Facteur 4[2], « deux fois plus de bien-être en consommant deux fois moins de ressources » repris dans le rapport au Club de Rome de 1997, est une première incitation à la responsabilisation des humains, s'ils veulent échapper à l'impasse écologique où les conduit un mode de développement fondé sur l'accumulation et la consommation matérielle.

C'est une « Philosophie de management qui consiste à créer le plus de valeurs avec le moins d'impacts et permet de produire des biens et services satisfaisant les besoins humains et améliorant la qualité de vie, à un coût compétitif ; tout en réduisant, à

1. La lettre de l'ORSE (avril 2004).
2. Ernst (U), Von Weizsäcker, Amory (B), Lovins (L), Lovins (H), Facteur 4 – Terre viva – 1997.

toutes les étapes du cycle de vie de ceux-ci, les impacts écologiques et l'intensité de consommation des ressources, dans le respect de la capacité de support de la planète. »[1]

Autour de l'éco-économie, apparaissent des méthodes destinées à économiser les ressources. De l'éco-conception[2] à l'éco-efficience est née l'écologie industrielle et l'éco-responsabilité.

Selon l'éco-efficacité une amélioration de l'utilisation des ressources peut limiter la dégradation de l'environnement et réduire les coûts (Livre vert de la CCE).

L'éco-efficacité est atteinte grâce à des préconisations d'économie[3] :

- réduction de l'intensité en matière de biens et services (dématérialisation),
- réduction de l'intensité énergétique,
- réduction des rejets dans le milieu naturel et d'utilisation de produits toxiques,
- réduction de l'usage du territoire et de l'espace,
- réduction de la mobilité (organisation et production, délocalisation),
- augmentation du recyclage,
- maximisation de l'usage durable des ressources,

1. http://www.wbcsd.org
2. Ademe : « Eco-conception : prise en compte de la protection de l'environnement dans la conception des biens et des services. Elle permet de mettre sur le marché des produits plus respectueux de l'environnement tout au long de leur cycle de vie, c'est-à-dire depuis l'extraction des matières premières jusqu'aux déchets issus de leur fabrication, de leur utilisation et de leur abandon.
3. Afnor, SD 21000, FDX 30.021/2003.

- extension de la viabilité des produits,
- augmentation de l'intensité des services apportés par les produits,
- augmentation de la durée de vie, de la capacité à être démonté, réparé et amélioré du produit.

Les préconisations du gouvernement français

Le gouvernement français en juin 2004 dans le cadre de ce facteur 4, demandait aux administrations centrales et aux services décentrés d'être éco-responsables et fixait les objectifs suivants :

« diminution des émissions de gaz carbonique de 10% d'ici 2008, pour la fonction du transport des administrations et le chauffage des bâtiments publics ; amélioration des modes de gestion immobilière en renforçant la compétence des gestionnaires et en mutualisant celle-ci pour les établissements de petite taille.

Les objectifs à cinq ans sont les suivants :

- 20% d'économie d'eau,
- 10% de réduction de consommations énergétiques,
- 60% de taux de recyclage des papiers blancs,
- achat ou location d'au moins 20% de véhicules propres lors du renouvellement des flottes dès cette année (véhicules d'intervention exclus) dont, si possible, 5% de véhicules électriques ;
- systématisation, d'ici 2006, de la prise en compte de la fin de vie des produits dès l'étape de l'achat public ;
- mise en place d'au moins un plan de déplacement pour au moins un établissement administratif par an et par département. »[a]

a. revue Enjeux septembre 2004.

- Application de l'éco-économie, l'écologie industrielle est fondée sur la « théorie de la boucle fermée », selon laquelle les déchets d'une industrie sont les matières premières d'une autre industrie en aval, pour une optimisation du cycle de vie des matériaux.

3.4 Le courant de l'éthique des affaires[1] apporte une légitimité philosophique

Qu'il soit dirigeant ou employé, qu'il soit indépendant ou rattaché à un organisme, tout membre d'une profession a pour responsabilité de préserver les patrimoines de l'entité dans laquelle ou pour laquelle il intervient.

A côté des composantes classiques du patrimoine que sont le capital financier, le capital technologique, le capital humain, émerge le « capital éthique » qui se constitue à partir des incorporels que sont par exemple :

- l'absence de condamnations pour actions « inéthiques »[2], inexistence de procès en cours pour non respect des réglementations, d'apparition de dangers et nuisances incompatibles avec les obligations de précaution, en un mot un « casier éthique » vierge ;
- des engagements transparents autour de valeurs proclamées ou de principes guides acceptés ;
- le « capital éthique » est analysé, noté, par les organismes d'analyse de la RSE (FTSE 4 good...) et de notation (EIRIS...) par des spécialistes que les anglo-saxons dénomment « rating advisors » ;
- dans les grandes entreprises françaises la sauvegarde du capital éthique est assurée par des déontologues dont les

1. Solomon (R) et Hanson (K), La morale des affaires – Éditions d'Organisation, 1989.
2. Lester R. Brown, Eco-économie, une autre croissance possible, écologique et durable – Seuil (2004).

principaux ont rejoint le Cercle Européen des Déontologues[1], initiant ainsi une nouvelle profession ;

- « Le rôle du déontologue est de s'assurer que si l'un des collaborateurs est impliqué dans un délit, à aucun moment, on ne puisse penser qu'il a agi sur ordre de l'entreprise »[2]
- l'éthique des affaires est confortée par l'intégration en 2004 d'un 10ème principe de « The Global Compact » : « les entreprises sont invitées à agir contre la corruption sous toutes ses formes incluant l'extorsion de fonds et les pots-de-vin »[3]

3.5 L'émergence d'un nouveau droit de la sécurité donne un cadre à l'action

Si la responsabilité sociétale professionnelle ne concerne pas la responsabilité individuelle découlant des droits civil, pénal, administratif, néanmoins il est évident que tout professionnel doit être conscient en permanence de ses droits et de ses devoirs (dont un résumé succinct est donné en annexe 1).

Dans le cadre du développement durable et de la RSE, « la Responsabilité sociétale » de l'entreprise ou d'une profession, n'a pas pour corollaire nécessaire la sanction ; la RSP peut être assimilée à une responsabilité morale, répondant à l'adhésion à des principes directeurs (OCDE...), des principes guides (Rio, Global Compact...), ou des chartes émises volontairement.

1. Cercle européen des déontologues du Groupe Cercle d'Ethique, www.cercle-ethique.net.
2. Rozelier (M), Le Monde initiatives – janvier 2004.
3. www.unglobalcompact.org.

Les principes, compris comme des normes échappent à une juridicité *ad hoc*[1] et ébauchent une « *soft law* », comme l'entend le monde anglo-américain.

Cependant cette « Responsabilité morale » sociétale se trouve de plus en plus sujette à des contraintes réglementaires et législatives : l'émergence de la prédominance d'un droit sécuritaire en est la preuve.

Que ce soit dans les relations personnelles, professionnelles, ou organisationnelles, la prédominance de la performance sécuritaire émerge et s'impose dans le cadre du modèle de société énoncé sous divers intitulés : développement durable, responsabilité sociale de l'entreprise, gouvernance dans le respect d'une morale universelle, dénommée éthique des affaires, qui devient éthique de la responsabilité traduite par des performances sécuritaires[2].

Cette recherche de la performance sécuritaire et de sa garantie s'exprime sous diverses formes :

1. La sécurité éthique

Tout professionnel impliqué constamment dans des « relations organisées » (actions, coopérations...) est soumis à « un Droit pénal des affaires »[3] qui désigne les crimes et délits qui éventuellement peuvent lui être imputables :

1. Couret (A), in Tous Responsables, conclusion – Éditions d'Organisation, 2004.
2.Cette exigence sécuritaire se traduit dans le Droit pénal qui évolue vers une reconnaissance accentuée du droit des victimes à partir de la loi du 3 janvier 1977, et la création des Commissions d'indemnisation-Civi).
www.oecd.org
3. Michel Veront, Droit pénal des affaires - A. Colin (1997).

- vol (soustraction frauduleuse de la chose d'autrui, article 311.1),
- escroquerie (article 313.1),
- abus de confiance (article 314.1).

Pour les autres malversations (articles 435.1a et 435.6), corruption, trafic d'influence, favoritisme, faux et usage de faux, recel et blanchiment, le Code pénal en a tracé avec précision les éléments constitutifs de délits et la répression correspondante.

Le cas des fonctionnaires

Dans le cas d'une fonction exercée à titre de fonctionnaire, le Code pénal, dans son article 432.12, a interdit de « prendre, recevoir, ou conserver un intérêt quelconque » que cette prise d'intérêt soit directe ou indirecte. L'article 432.13 vise les personnes de la fonction publique ou administrative, des établissements publics, entreprises nationales et des société à économie mixte.

Dans le cas de l'exercice d'une fonction dans le cadre d'une administration, la responsabilité professionnelle est enchâssée dans le « Droit administratif », aux règles différentes des autres droits.

Pour une fonction exercée au titre de l'Union européenne, des règles spécifiques sont applicables.

Sans dresser un tableau trop noir, il est indispensable de rappeler à tout professionnel qu'il peut à son insu être mêlé à des conduites inéthiques et des pratiques irresponsables. De façon non limitative les tableaux ci-après expriment ces risques éthiques, conséquences de conduites inéthiques, de pratiques irresponsables, tant dans un monde dit de droit que dans un état de non-droit.

Tableau conduites inéthiques et pratiques responsables ; schéma de l'irresponsabilité sociale de l'entreprise

Les cercles de l'irresponsabilité sociale de l'entreprise

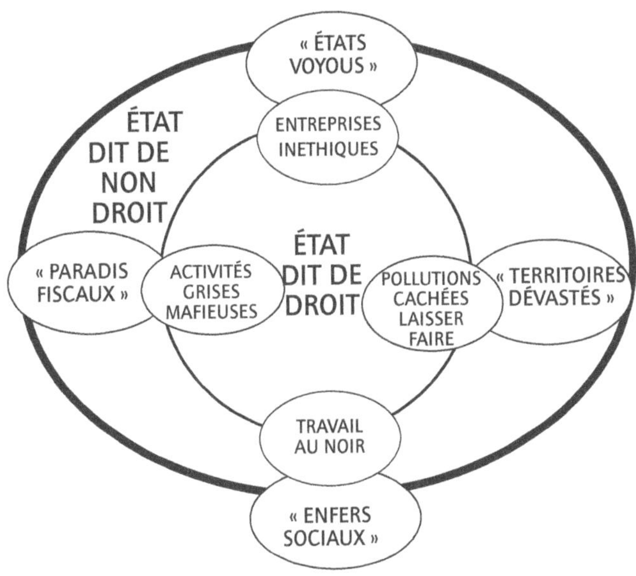

CHAMPS DE CONDUITES INETHIQUES, DE PRATIQUES IRRESPONSABLES
DANS PAYS DITS DE DROIT - Pratiques commerciales inéthiques, corruption, dissimulation chantage, etc. ; - Laisser-faire à l'égard de l'environnement, gaspillage des ressources ; - Utilisation du travail au noir ; - Evasion fiscale, argent sale ; - Trafics monétaires et commerciaux ; - Etc. DANS PAYS DITS DE NON DROIT - Absence de régulation, zones mafieuses, despotisme, dictature étatique ; - Dévastation des territoires, pollution libre ; - Paradis fiscaux ; - Existence « d'enfers sociaux ».

Figure n°2

2. La sécurité des personnes et des travailleurs

Etant entendu que tout individu ne peut se soustraire aux « règles de police » (maintien de l'ordre dans la rue, émission de bruit, salubrité, hygiène publique, comportements asociaux...), dans le cadre de ses « relations organisées » tout professionnel est tenu de respecter les règles du Droit du travail[1], renforcées par l'obligation de précaution. Enoncée dans la loi Barnier (95 101 du 2 février 1995), l'obligation de précaution[2] a été durcie par une « obligation de sécurité de résultat » spécifiée dans les arrêts de février 2002[3] de la Chambre sociale de la Cour de Cassation, au sujet des victimes de l'amiante ; le droit faisant passer de la responsabilité pour faute à là responsabilité pour risque fautif.

1. Atteinte à l'intégrité de la personne, article 221.6 du Code pénal : « le fait de causer, par maladresse, imprudence, inattention, négligence ou manquement à une obligation de sécurité ou de prudence imposée par la loi ou les règlements, la mort d'autrui constitue un homicide involontaire puni de trois ans d'emprisonnement et de 300 000 F d'amende. En cas de manquement délibéré à une obligation de sécurité ou de prudence imposée par la loi ou les règlements, les peines encourues sont portées à cinq ans d'emprisonnement et à 500 000 F d'amende ».

2. Loi Barnier : l'article 1er de la loi du 2 février 1995, « le principe de précaution, selon lequel l'absence de certitudes, compte tenu des connaissances scientifiques et techniques du moment, ne doit pas retarder l'adoption de mesures effectives et proportionnées visant à prévenir un risque de dommages graves et irréversibles à l'environnement à un coût économiquement acceptable... ».

3. Arrêt du 27 février 2002, n°11.793 de la Chambre Sociale de la Cour de Cassation : « en vertu du contrat de travail, le liant à son salarié, l'employeur est tenu envers celui-ci d'une obligation de sécurité de résultat, notamment en ce qui concerne les maladies professionnelles contractées par ce salarié du fait des produits fabriqués ou utilisés par l'entreprise... ; le manquement de cette obligation a le caractère d'une faute inexcusable... Lorsque l'employeur avait ou aurait dû avoir conscience du danger auquel était exposé le salarié, et qu'il n'a pas pris les mesures nécessaires pour l'en préserver ».

Le document unique

Cette « ardente obligation » est concrétisée par la tenue obligatoire d'un « document unique » des dangers et des risques encourus par les travailleurs de toute entité organisée (circulaire n°6 du 18 avril 2002 DRT, conformément à l'article L.230.2 du Code du Travail)[1].

3. La sécurité de l'environnement

La sécurité de l'environnement est soulignée dans l'article 2.37 du projet de charte, constituant une Constitution de l'Europe.

Le projet de la constitution européenne

« un niveau élevé de protection de l'environnement et l'amélioration de sa qualité doivent être intégrés dans les politiques de

1. « La juridicité des normes adoptées en la matière est passablement incertaine. Toutefois cet état de fait n'est peut-être que provisoire (Cf Boy (L) Quel avenir pour l'Union européenne ? Evaluation critique de la stratégie de Lisbonne – éditions Bruylant (Bruxelles 2004). Certains auteurs soulignent l'évolution du droit qui commence à la fois à inciter à adoption de normes de responsabilité sociale et à sanctionner le non respect de ces normes (Sobczak (A) Droit Social n°9/10, septembre-octobre 2002). Pour une large part cependant ces perspectives empruntent à des droits étrangers. S'agissant du droit français la question du non-respect des normes dans le domaine de la responsabilité des acteurs est fonction de ce qu'ils veulent bien reconnaître aujourd'hui. En l'état actuel du droit, la responsabilité sociale de l'entreprise nous paraît d'abord et avant tout demeurer une bonne expression d'un phénomène de responsabilité morale, même si la démarche n'est pas toujours exempte de préoccupations relevant de l'ordre du marketing. ».

l'Union et assurés conformément au principe de développement durable ».

Avant que ne soit promulgué en France l'article 1 de la Charte de l'environnement de 2003 qui proclame que « chacun a le droit de vivre dans un environnement équilibré et favorable à la santé », il faut constater qu'il « n'existe pas de délit d'atteinte à la nature ou à l'environnement, ni de délit écologique, mais seulement des infractions particulières visant des destructions, dégradations et autres dommages.

Ces infractions sont soumises au régime des délits non-intentionnels.

Elles concernent principalement les eaux, mais également le bruit, la chasse et la pêche. Parmi celles-ci un vieux délit général de pollution des eaux (article L.232.2 du Code rural, loi du 3 janvier 1992) occupe une place importante dans la pratique répressive. »[1]. Ce souci permanent de lutter contre les risques d'atteinte à l'environnement s'est traduit par la promulgation le 30 juillet 2003 de « la prévention des risques technologiques et naturels et la réparation des dommages », qui vient renforcer les réglementations des établissements classés ou de type Seveso et la création de Plans de prévention des risques technologiques (PPRT) sous la tutelle des préfets.

4. La sécurité financière

Se rapprochant à la législation américaine de juillet 2002 – Sarbanes-Oxley, pour mieux protéger les actionnaires et par la même renforcer la confiance dans le marché, les nouvelles

1. in Seillan (H), La Responsabilité pénale – Préventique (Bordeaux), 2003.

dispositions de l'article 117 de la loi française sur la sécurité financière d'août 2003 imposent « au président du conseil d'administration ou du conseil de surveillance de rendre compte, dans un rapport spécifique, des conditions de préparation et d'organisation des travaux du conseil, ainsi que des procédures de contrôle interne[1] mises en place par la société ».

Pourquoi pas un contrôle des risques sociaux et environnementaux ?

Comme le précise un rapport de la Mission de l'ORSE - EPE - OREE d'avril 2004 : « on ne voit pas pourquoi cette obligation ne porterait pas sur le contrôle des risques sociaux et environnementaux de l'entreprise ».

5. La sécurité du professionnel délégataire

Un professionnel, lorsqu'il exerce ses compétences dans le cadre d'une subordination émanant d'un contrat de travail avec une entité « personne morale », peut se voir imputer des infractions à partir d'une délégation de pouvoirs faite par « la personne physique qui dirige en fait et en droit, désignée comme chef d'entreprise ». La délégation est admise si le délégataire est « pourvu des compétences, de l'autorité et des moyens propres à l'accomplissement de leur mission ».

Le transfert des pouvoirs doit être limité et précis. La condition d'autorité suppose une capacité autonome de commandement, l'autorité doit pouvoir s'exprimer dans une sphère de liberté. Le

1. Joras (M), Les fondamentaux de l'audit - Préventique (Bordeaux), 2000.

délégué doit être compétent, c'est-à-dire avoir l'aptitude (qualification technique) à exercer la fonction déléguée qui lui a été confiée et avoir les moyens matériels, humains et financiers de faire échec à l'infraction.

A noter

La validité d'une délégation de pouvoirs n'est subordonnée à aucune formalité.

6. La sécurité confiance

Les entreprises sont de plus en plus amenées à rendre des comptes à la société civile harcelée par la hantise du risque ; la société du risque[1] a une maîtresse cachée, « l'opinion publique ». Relayée par des médias mondialisés (agissant dans l'immédiat, aux aguets en permanence), l'opinion publique gère le capital confiance des entreprises, des professions, malmené par des situations de crise, toujours inopportunes et souvent mal préparées et non maîtrisées, compte tenu des « éléments déstabilisateurs » qu'elles réunissent généralement (selon l'UDA[2]), à savoir :

- un événement grave,
- l'incertitude quant à cet événement et à son évolution,
- des enjeux importants,
- une multiplication soudaine des acteurs,

1. Beck (W), La société du risque – Aubier (1986)
2. UDA, Union des annonceurs, La communication de crise (2003) www.uda.fr

- une pression temporelle forte,
- une pression externe considérable.

Une tâche essentielle

Se préparer à communiquer en situation de crise, par la mise en place d'une cellule de crise, constitue aujourd'hui une tache essentielle de toute profession organisée[1].

La gravité des effets d'une perte de confiance est illustrée par la figure n°3 proposée par l'UDA.

7. La sécurité de l'information

Tout professionnel, quel que soit son niveau dans la chaîne hiérarchique est pris « en tenailles » entre d'une part son obligation de réserve et de secret professionnel et d'autre part son rôle de participant à la production des informations dues aux parties prenantes de l'organisation à laquelle il concourre.

Dans notre société de l'information, le législateur a imposé le secret professionnel, tel qu'édicté dans l'article 226.13 du Code pénal : « la révélation d'une information à caractère secret par une personne qui en est dépositaire, soit par état ou par profession, soit en raison d'une fonction ou d'une mission temporaire, est punie d'un an d'emprisonnement et de 15 244,90 € d'amende. ».

1. Guerin-Talpin (G), Communication de crise – Préventique (Bordeaux, 2003).

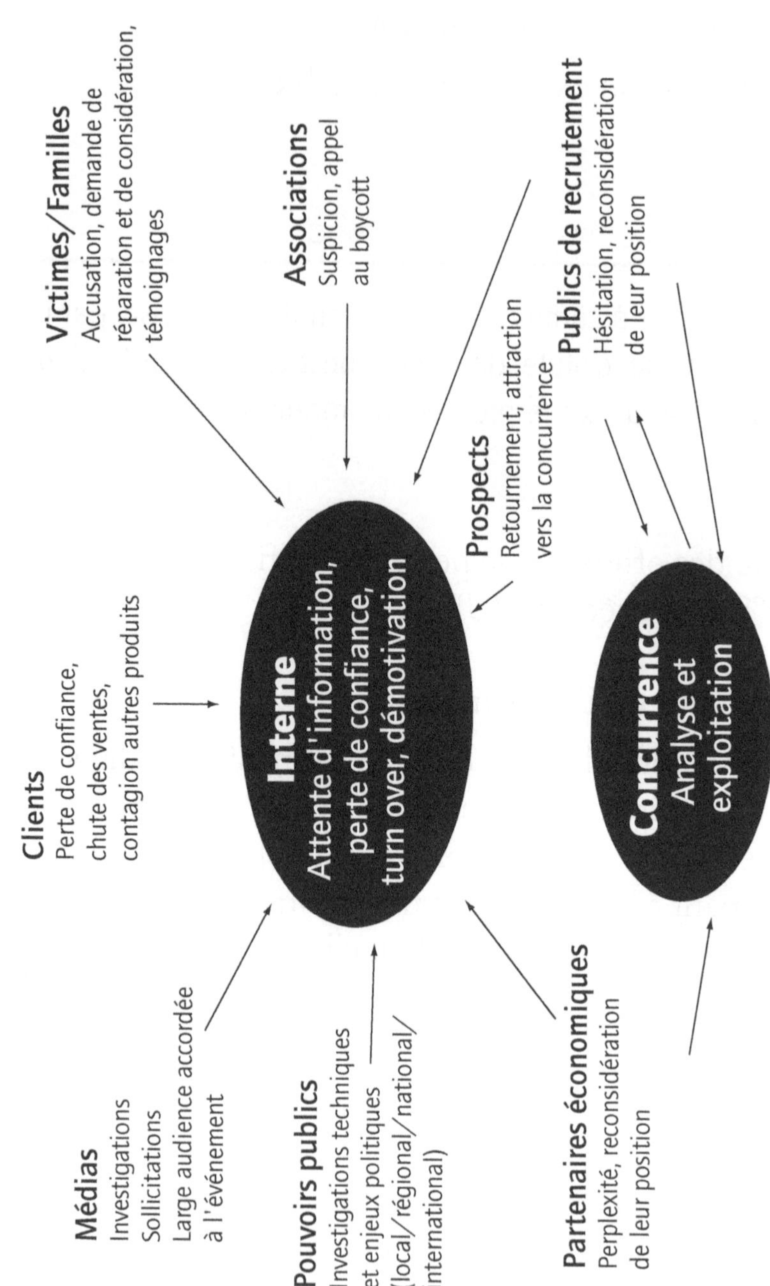

Figure n°3. Schéma Communication de crise – UDA, 2003

Une exception au secret professionnel[1]

Article 226.14 du Code pénal : « l'article 226.13 n'est pas applicable dans les cas où la loi impose ou autorise la révélation du secret. En outre, il n'est pas applicable : à celui qui informe les autorités judiciaires, médicales ou administratives de privations ou de sévices, y compris lorsqu'il s'agit d'atteintes sexuelles dont il a eu connaissance et qui ont été infligées à un mineur de quinze ans ou à une personne qui n'est pas en mesure de se protéger en raison de son âge ou de son état physique ou psychique ».

Tout en devant respecter cette réserve, tout professionnel doit fournir des informations fiables, matérielles, pertinentes, exhaustives et compréhensibles lorsqu'elles alimentent les documents fournis par son organisation pour vérification par des tierces parties, au profit de parties prenantes.

3.6 La nécessité d'une gestion des effets des prestations professionnelles s'ancre dans la réalité

3.6.1 Contingence des effets, dangers, risques et/ou avantages, opportunités

L'expression de la RSP se concrétise par l'intégration contingente des effets, impacts des prestations professionnelles, sur les intérêts, patrimoines, des parties prenantes qui normalement doivent bénéficier des bienfaits du « développement durable ».

Toute prestation professionnelle, exprimée par des processus opérationnels ou des prises de décision entraîne en permanence

1. Voir également la loi n° 2004-130 du 11 février 2004, sur l'obligation de déclaration de soupçons...

des réactions émanant des « parties prenantes concernées », qui se traduisent en menaces ou opportunités, dangers ou avantages. Cette contingence est soumise au postulat qui affirme qu'une action d'une entité x à l'encontre d'une entité y, entraîne de cette dernière une réaction positive ou négative de même intensité immédiatement, ou ultérieurement »[1].

Ces réactions constituent en sus, des dangers ou sources d'avantages, qui peuvent devenir des risques, liés au contexte économique environnemental, social, éthique – c'est-à-dire sociétal-, de l'entité support de la fonction, de la tâche du professionnel.

Les sources des risques sont dues aux disfonctionnements, dérives, incidents, lors des pratiques ou conduites, de l'acteur prestateur professionnel.

Les attitudes et comportements favorables ou agressives, des parties prenantes constituant contraintes et dangers.

3.6.2 Quels critères retenir pour une typologie des risques ?

- L'investigation et la mesure des impacts, risques, dangers, au regard de la RSP peuvent être menés en fonction de divers critères :
  - En fonction des préoccupations du développement durable : performances économiques ou création de valeur, protection de l'environnement, éco-économie des ressources naturelles, qualité des relations clients/fournisseurs, qualité des relations avec la société civile ;
  - En fonction des intérêts des parties prenantes : internes (actionnaires, employés...), opérationnelles (financiers,

1. Joras (M), Les fondamentaux de l'audit – Préventique, Bordeaux, 2000.

clients, fournisseurs...), externes (voisins, ONG, habitants des pays pauvres...) ;

- En fonction des activités comprises dans la chaîne de la valeur du professionnel : acquisition de ressources, opérations de production, délivrance de produits et/ou services, après-vente, communication et information...

- Si l'on prend en considération les mesures de prévention, protection, précaution :
  - les dangers peuvent exister faute de repérage, par mauvaise prévention (non prise en compte de l'obligation de précaution),
  - les risques repérés, étudiés, peuvent naître du défaut de protection, d'éradication.
- En matière de RSP, il appartient à toute profession de s'intéresser aux qualifications, comportements, attitudes et état de santé de ses membres.

Exemple

A titre indicatif les causes des risques émanant d'un professionnel peuvent être dues à :

- ses qualifications et/ou compétences insuffisantes,
- au non respect du droit, des engagements, des codes,
- ses pratiques professionnelles (non respect des processus, utilisation insouciante des matériels, erreur, inattention, manque de précaution, mauvais usage des produits),
- ses conduites (irresponsabilité, laxisme, malveillance, agressivité, vols, détournements, abus de biens sociaux, chantage, espionnage),

- à son état de santé physique et professionnelle (fatigue, surmenage, maladie, handicap, état psychique ou mental, manque de connaissance, incompétence, inexpérience).

- Les conséquences peuvent être classées selon leurs effets :
  - responsabilité encourues vis-à-vis des personnes (travailleurs, locataires et voisins, dépositaires de marchandises, visiteurs et sous-traitants) ;
  - dommages survenus aux biens immobiliers, aux mobiliers, aux machines, aux logiciels, aux plans et dessins, aux archives, aux espèces et titres ;
  - troubles sur les activités de l'entité : insolvabilité des clients, perte d'approvisionnement, perte de confiance, grève, démotivation...
- Enfin et avant tout, les risques en RSP sont examinés au regard :
  - de la distance de la localisation de leurs effets, selon la sphère d'influence du site de l'exercice des prestations (local, voisinage, France, Europe, monde)
  - du temps, de la durée des effets (immédiat, court terme, long terme, inconnue, irréversible...)
  - du temps de l'occurrence de l'événement déclencheur du risque.

3.6.3 Des méthodes et outils pour la gestion des risques

Chaque métier, chaque branche, chaque organisation, pour faire face à la gestion de la sécurité sociétale dispose de méthodes et d'outils appropriés[1].

1. Morvan (J), Management de la sécurité, direction et contrôle – Préventique (Bordeaux), 1998.

Quelques exemples

- grille de questionnement qqqoqc,
- arbre des causes dit arête de poisson,
- méthode MaEva pour le BTP
- méthode HACCP (secteur alimentaire) - Hazards analysis critical control point,
- méthode AMDEC
- plan vigipirate, plan ORSEC - préfets,
- plan rouge des sapeurs pompiers,
- plan blanc des hôpitaux,
- normes OHSAS 1800 et ISO 14001, EMAS, QSE pour l'entreprise.

3.7 La modélisation du management des prestations est porteuse d'amélioration continue

Les termes gestion, management, gouvernance, s'agrègent autour de normes dits « systèmes de management standardisés » qui incluent les « responsabilités désignées » comme il est précisé dans les glossaires des normes ISO[1] (séries 14000, 9000/2000...) :

On reconnaît dans cette description, un système de management architecturé selon une logique d'amélioration continue selon le processus, en instance de devenir outil universel de gestion, « Plan, Do, Check, Act » dit Roue de Deming[2].

1. ISO = International standard organisation - Genève, Suisse.
2. Norme ISO 9004/2000.

Les systèmes de management standardisé de la norme ISO

« Un système de management » inclut la structure organisationnelle de l'entité agissante, les activités de planification, les responsabilités désignées, les pratiques, procédés, procédures et ressources mobilisées pour élaborer, mettre en œuvre, réaliser, réviser et maintenir la politique qui est constituée par une déclaration des intentions et principes relatifs à la performance globale (selon la finalité édictée dans les principes guides du développement durable), politique qui fournit un cadre à l'action et à l'élaboration des cibles et objectifs ».

Plan : prévoir, planifier, définir, spécifier ;

Do : mettre en œuvre (en maîtrisant) ;

Check : vérifier, mesurer, surveiller ;

Act : corriger pour améliorer, agir, prévenir.[1]

La figure n°4 illustre cette logique.

En accord avec ce modèle, gérer ses prestations consiste à les cadrer sur un « système de management », dans lequel le responsable, selon son niveau d'autonomie alloué, intervient dans les phases du système : vision, élaboration de la programmation, exécution opérationnelle, analyse et évaluation, prise en compte des corrections et des améliorations décelées (P. D. C. A.).

Toute prestation professionnelle, qu'elle soit exercée à titre individuel (une profession libérale) ou au sein d'une entité organisée (entreprise, association, collectivité, …) peut être considérée comme une mini-partie d'une entreprise pilotée selon le modèle de système de management ci-après décrit.

1. Laurent Leveque et Stéphane Mathieu, Les clefs du management intégré – Afnor 2003.

Figure 4. Système de management d'une RSP

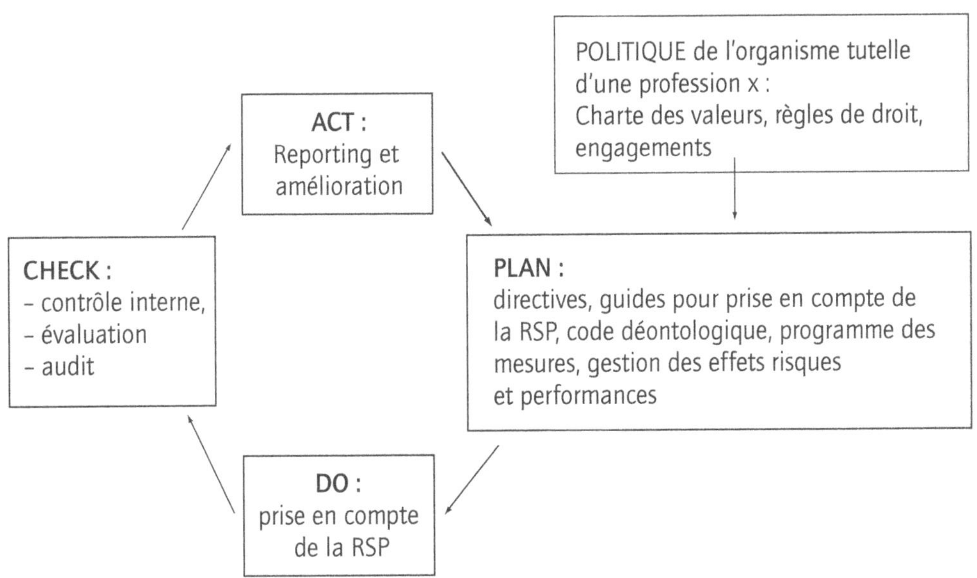

L'assurance donnée pour une profession que la prise en compte des impacts et retombées à l'égard des parties prenantes pourra être donnée si a été menée une démarche de management de la qualité selon la norme ISO 9001/2000.

« Celle-ci contribue à la satisfaction du client par :

- la fourniture d'un produit/service répondant en permanence à ces attentes explicites et implicites,
- l'amélioration permanente de l'ensemble des processus mis en œuvre par l'entreprise pour la conception, la réalisation et la mise à disposition du produit au client »[1].

1. Les clefs du management – Afnor, à savoir n°6.

À retenir

La RSP d'une profession x,y doit satisfaire aux éléments constitutifs suivants :

1 : proclamation par les organes sociaux (conseil, comités...) des valeurs soutenues (charte...) et partagées et cooptées.

2 : pleine satisfaction aux obligations juridiques applicables à la profession et aux engagements pris par la profession et ceux de l'entité site des prestations.

3 : réponse aux attentes et besoins des parties prenantes concernées, et mieux aller au-delà, tout en maîtrisant les dangers, disfonctionnements inhérents aux produits et/ou services des prestations.

4 : volonté d'intégrer dans les activités de la profession les principes-guides du développement durable, et mener l'examen des possibilités de les satisfaire.

5 : entretenir voire perfectionner les connaissances et les compétences des prestataires professionnels.

6 : application d'un code déontologique de bonnes pratiques et de bonnes conduites.

CHAPITRE 2

Comment apprécier une RSP ?

Après avoir noté les moyens pour identifier la profession porteuse d'une responsabilité le lecteur trouvera ici un cadre général qui lui permettra de bâtir un système d'appréciation de la RSP à partir de 7 démarches qui serviront de fil directeur à ce chapitre, à l'aide d'une Boîte à outils de 14 questions-clés.

1. Comment identifier une profession

Pour identifier une profession constituant une entité réelle, il faut tout d'abord répondre à une question préalable : **les prestations sont-elles spécifiques et repérables, exigent-elles des connaissances et des compétences particulières de leurs prestateurs associables à une communauté d'intérêt et de défense, et porteurs d'une déontologie précise ?** L'examen d'identification peut être facilité par la documentation d'une fiche dont modèle succinct ci-après :

Fiche d'identification d'une profession

- Titre générique :
  - usuel, légal, équivalent
  - nom du métier principal
- Reprise dans un répertoire :

ROME, RNCP, NSF, OIT…

- Spécificités de l'exercice :

Statut, règlement exceptionnel/occasionnel, libéral, individuel/au sein d'une entité…

- Que (quel but) :

Objectifs, valeurs, idéologie, missions des fonctions…

- Quoi (que fait-on) :

Domaines couverts, quelles activités, quels produits, services…

- Qui (exerce) :

Toute personne, diplôme et certifications, concours, décret et nomination, us et coutumes, pré-requis particuliers, conditions physiques, morales et civiques, salariés, volontaires et libéraux

- Où :

Au sein d'organismes, de sociétés, en tout lieu, permanence, mission, projet

- Avec quoi :

Matériels indispensables, outils particuliers, secrets et méthodes

- Qui (contrôle) :

Par association, chambre, ordre, état, pouvoirs publics, agences spécialisées

- Importance :

Membres répertoriés, estimés, France, Communauté européenne, monde, parties prenantes principales, ONG impliquées, organisations du marché, syndicats professionnels, patronat

- Sources de documentation

---

2. Quel système d'appréciation bâtir ?

Le système d'appréciation d'une RSP peut être bati à partir de sept démarches essentielles :

1. Définir le référentiel des prestations d'une profession
2. Établir le référentiel de compétences du professionnel prestateur
3. Circonscrire le cadre de l'exercice professionnel
4. Bâtir un référentiel d'intégration des impacts et conséquences
5. Évaluer le management d'une RSP
6. Avoir accès à la documentation utile
7. Connaître les systèmes d'assistance, de défense, auxquels la profession peut avoir recours

La "Boîte à outils" de 14 questions clés

1) Quelles sont les prestations essentielles d'une profession dans l'économie et quels en sont les contributions dans le système de production (chaîne de la valeur) ?
2) Quelles sont les principales activités, inscrites en processus qui particularisent la profession ?
3) Quelles sont les lois, les règles, les us et coutumes qui lui sont imposés ?
4) Quels sont les « principes directeurs » qui encadrent l'exercice de la profession constituant la soft law (globale et particulière) ?
5) Quels sont les engagements pris par la profession, les normes et les chartes correspondantes ?
6) Quelles sont les qualifications, les compétences des professionnels concernés ?
7) Quel est le périmètre des conséquences et leurs impacts dont la profession est redevable et comptable et quelles sont les parties prenantes réellement impliquées ?
8) Quels sont les effets, avantages, et risques à l'égard des parties prenantes ?
9) Quels sont les effets positifs ou négatifs ayant trait aux préoccupations ergonomiques, sociales et écologiques du développement durable ?

10) Quelles sont les conditions d'un reporting contributif à l'évaluation de la profession ?

11) Quelles sont les méthodes d'évaluation et de contrôle interne et externe ?

12) Quels sont les systèmes d'assistance, de défense, auxquels la profession peut avoir recours ?

13) Quelles sont les initiatives pour établir un dialogue avec les parties prenantes ?

14) Quelles sont les centres de documentation et d'information au stade national, européen, multinational ?

1. Définir le référentiel des prestations d'une profession

Pour définir le référentiel des prestations d'une profession, il convient de répondre aux questions clés n°1 et 2.

Question 1 : **Quelles sont les prestations essentielles d'une profession dans l'économie et quels en sont ses contributions dans le système de production (chaîne de la valeur) ?**

La **prestation** d'une profession correspond à un processus[1] exprimé en 3 phases (voir figure 5).

1. Dans le concept de la RSP, s'impose la transcription des activités selon « l'approche processus », et la décomposition en phases dans la « chaîne de la valeur » en considérant que tout travail est accompli par un processus.
Un processus est considéré comme un « système d'activités qui utilise des ressources pour transformer des éléments entrants en éléments de sortie. C'est une succession d'activités réalisées à l'aide de moyens (personnel, équipement, matériel, informations) et dont le résultat final est un produit. Un processus présuppose : des éléments entrants mesurables ; une valeur ajoutée ; des éléments de sortie mesurables, conformes à des critères d'acceptation ; un caractère reproductible. »

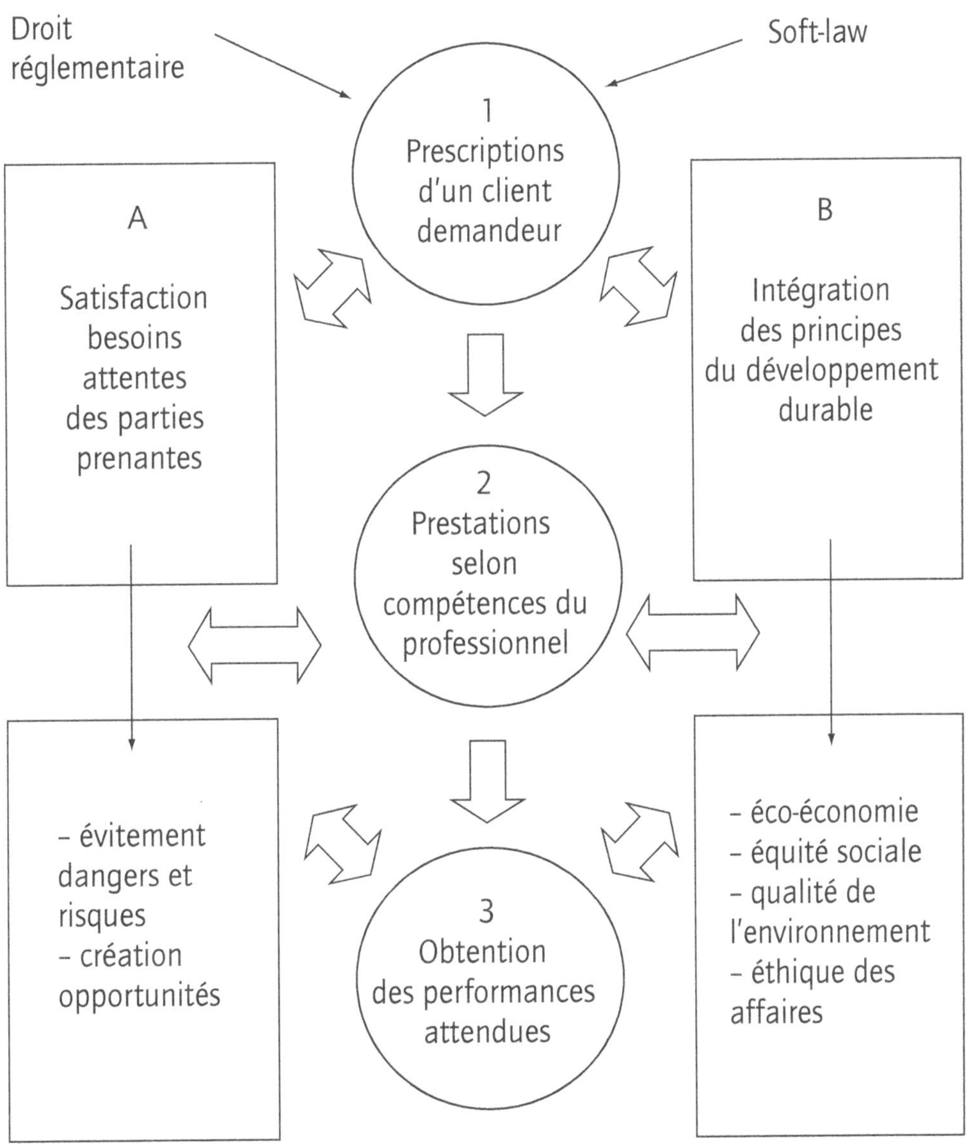

Figure n°5. Paradigme d'une prestation d'une profession *x*, *y* dans le cadre de la RSP®

Prestation RSP d'une profession x,y[1]

Contraintes : droit + soft-law

Processus prestation professionnelle : 1 -> 2 -> 3

Prise en compte : A parties prenantes + B développement durable

1) prescriptions d'un client demandeur (cahier des charges, ordre de mission, norme référentiel métier…)
2) exécution des prestations à partir des compétences mis en œuvre par un professionnel
3) obtention des performances attendues

Question 2 : **Quelles sont les principales activités, inscrites en processus qui particularisent la profession ?**

Pour satisfaire aux fondamentaux de la RSP, **le processus de la prestation** doit répondre à la **double contrainte** :

1) satisfaction des besoins et attentes des parties prenantes, pour l'évitement des dangers et risques et la création d'opportunités
2) intégration des principes directeurs du développement durable, éco-économie, progrès social, protection de l'environnement, éthique des affaires

1. Joras (M)®.

2. Établir le référentiel des compétences du professionnel prestateur

En complément d'une fiche descriptive des prestations exigées, il appartiendra de préciser les compétences et capacités des prestateurs en répondant à la question clé n°6.

Question 6 : **Quelles sont les qualifications, les compétences des professionnels concernés ?**

Parmi les nombreuses méthodes que proposent les sciences appliquées de la Gestion des ressources humaines, le modèle du « projet européen de professionnalisation durable de la Communauté européenne » apparaît novateur. Il propose la démarche suivante[1].

1. Travaux de Georges Asseraf et Felix Dossou
www.cedefop.eu.int
www.trainingvillage.gr/etv

Modèles du projet européen de professionnalisation durable de la Communauté européenne

- Description de l'activité et des tâches professionnelles
  - L'activité clé est un ensemble logistique et/ou chronologique des tâches effectivement réalisées par la personne, concourrant à une ou plusieurs fonctions au sein de l'entreprise et selon des conditions d'exercice justifiées,
  - La tâche clé est 'le travail à faire', qu'il soit réellement fait ou non, dans un environnement physique et social donné, selon certaines conditions d'organisation et de performances attendues, indépendamment des personnes impliquées ; elle concerne la finalité de l'activité et non les modalités de la réalisation effective.
- Construction de référentiels de compétences
  - Pour réaliser les tâches dans des conditions données (attentes de l'entreprise, contraintes de l'environnement) par l'entreprise, le professionnel doit mettre en œuvre des compétences professionnelles.

    Celles-ci se concrétisent en mobilisant des ressources (moyens, procédures, méthodes, informations et savoirs associés acquis) en fonction des exigences professionnelles de performance.

    Les compétences professionnelles sont décrites au sein de tâches clé selon des critères commun : objectif professionnel, autonomie et prise d'initiative, responsabilité, contexte relationnel, ressources utilisées, performance exigée... Et selon des règles rédactionnelles communes : verbe d'action finalisée, concision, précision, non ambiguïté.

    La compétence se traduit dans une situation de travail concrète par des actions ou des comportements observables. L'approche descriptive retenue contourne la difficulté inhérente à toute tentative de définition consensuelle de la compétence. Afin de ne pas omettre une caractéristique du référentiel, il pourrait être avantageux d'utiliser le diagramme en arêtes de poisson.

A ce descriptif seront ajoutés les critères de validation des prérequis éventuels pour l'exercice de la profession concernée : age, sexe, nationalité, conditions de santé physique et mentale, capacité civile, expérience acquise dans la profession ou dans l'activité en général (nombre d'années, stages spécialisés, missions exécutées, obtention d'un diplôme, admission à un concours...).

Figure n°6. Diagramme compétences

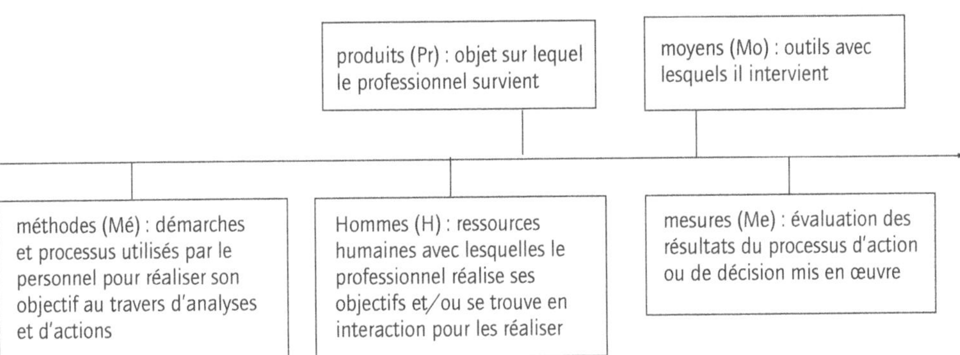

- Pour répondre à chacune des 14 questions clés (page 48)… et rédiger un référentiel de qualification d'un professionnel prestateur pourrait être utilisé un questionnaire simple comme ci-dessous :

Connaissances acquises	Oui	Insuffisantes	Non
Compétences reconnues			
Expériences			

Toutes ces informations peuvent déboucher sur une fiche profession.

Un exemple de fiche profession

Installateur d'équipements sanitaires

(Arrêté du 9 décembre 2003 – Ministère des Affaires sociales, du travail et de la solidarité – JO du 18 décembre 2003 NOR : SOCF0311957A)

« Il est classé au **niveau V** de la nomenclature des niveaux de formation, telle que définie dans le décret 2002-616 du 26 avril 2002 susvisé dans le domaine d'activité 233s (code NSF). [...]

Le référentiel d'emploi, d'activités, compétences, et le référentiel de certification du titre professionnel d'installateur d'équipements sanitaires sont disponibles dans tout centre Afpa ou centre agréé. [...]

Le titre professionnel d'installateur d'équipements sanitaires est composé de deux unités constitutives dont la liste suit : réaliser une installation individuelle de plomberie sanitaire ; réaliser une installation collective de plomberie sanitaire. [...]

Informations requises pour l'inscription du titre professionnel au répertoire national des certifications professionnelles :

Intitulé : titre professionnel d'installateur d'équipements sanitaires

Niveau : V. Code NSF : 233s

Résumé du référentiel d'emploi : l'installateur d'équipements sanitaires réalise les installations de plomberie dans tous types de locaux

Capacités attestées et descriptif des composantes de la certification :

3) réaliser une installation individuelle de plomberie sanitaire,
4) réaliser à partir de plan le tracé de toutes les tuyauteries en respectant les impératifs de vidange, l'esthétique et les contraintes réglementaires

Secteur d'activités ou types d'emploi accessibles par le détenteur du titre : entreprises artisanales de chauffage-plomberie, entreprises de travaux publics qui ont besoin des compétences du professionnel pour les réseaux d'assainissement et hydrauliques en voiries

Code ROME : 42212 – installateur d'équipements sanitaires et techniques

Réglementation de l'activité : néant
Autorité responsable de la certification : Ministère chargé de l'emploi
Bases légales et réglementaires : loi n° 2002-73 du 17 janvier 2002 de modernisation sociale, décret n° 2002-1029 du 2 août 2002, arrêté du 25 novembre 2002.

---

3. Circonscrire le cadre de l'exercice professionnel ?

Pour décrire quel est le cadre de l'exercice d'une profession, il convient de répondre aux questions 3, 4 et 5.

Question 3 : **Quelles sont les lois, les règles, les us et coutumes qui lui sont imposés ?**

La constitution de ce référentiel réglementaire est l'étape initiale à toute étude de RSP.

Le référentiel réglementaire

En France les activités commerciales (champs de la RSE) sont soumises à des obligations qui répondent à des règles générales de droit selon l'échelle suivante :

- les traités internationaux (ex. Kyoto, OIT...),
- le droit communautaire (règlements, directives : ex-Seveso...),
- le droit national (constitution, lois organiques et ordinaires : ex-loi Barnier...),
- les ordonnances,
- les règlements,
- les décrets (ministériels, préfectoraux, municipaux),
- les us et coutumes professionnelles, locales.

Une profession peut être considérée comme une entité organisée, lorsque le cadre de ses devoirs et droits ayant trait aux activités exercées sont compris dans un cadre réglementaire spécifique codifié et connu par les autres parties prenantes.

Question 4 : **Quels sont les principes directeurs qui encadrent l'exercice de la profession constituant la « soft law » (globale et particulière) ?**

Questions 5 : **Quels sont les engagements pris par la profession, les normes et les chartes correspondantes à la « soft law » ?**

En sus de ce référentiel réglementaire, certaines professions répondent à des engagements volontaires.

Les engagements volontaires

Au niveau mondial

Autour des principes énoncés dans la Charte universelle des Droits de l'Homme de 1948, et des huit conventions (n° 29, 87, 98, 100, 105, 11, 138, 182) de l'OIT figurant dans la déclaration de la 86ème session à Genève en 1998, un consensus mondial sur la responsabilité sociétale s'est réalisé dans la charte créée en 2000 par l'ONU (UNEP) sous l'intitulé « the global compact » qui reprend 10 principes[1].

Chacun de ces 10 principes est couvert en France et dans la Communauté européenne (traité de Nice 2000), par des réglementations codifiées et constitue pour une « profession » un guide de rappel pour des « normes de conduite » et des exigences pour les parties prenantes situées dans des pays hors Communauté européenne.

Au niveau national

Dans la mouvance d'engagement de responsabilité sociétale, se matérialise l'adhésion à des normes ou labels sociaux et environnementaux (SA 8000, Investor in People, Emas, ISO 9000 et 1400, OHSAS 1800…) et la publication de chartes éthiques (: ex-Suez…) et d'engagements de progrès (: ex-UIC, Union des indusries chimiques, www.uic.fr …).

1. Les dix principes de The global compact sont repris en annexe.

Certaines professions se dotent de « codes déontologiques » (ex. Syntec, déontologue, auditeur social), d'autres s'inscrivent dans le mouvement de la certification (cabinets d'experts comptables avec la norme ISO 9000, études de greffiers avec l'attestation Afaq)[1].

---

1. www.afaq.fr

4. Bâtir un référentiel d'intégration des impacts et conséquences

Il convient de répondre aux questions-clés 7, 8, 9.

Question 7 : **quel est le périmètre des conséquences et leurs impacts dont la profession est redevable et comptable et quelles sont les parties prenantes réellement impliquées ?**

Le périmètre d'une profession est repérable à partir de la « chaîne de la valeur » pour des produits et des « zones d'influence » pour les prestations de services immatériels (conseil, avocat).

Un exemple

Le périmètre de la profession d'acheteur (industriel) sera depuis la source d'approvisionnement des éléments et ressources nécessaires, jusqu'à la destination finale du produit (ex-machine pour un atelier).

Question 8 : **quels sont les conséquences, avantages, et risques à l'égard des parties prenantes ?**

Quels que soient les périmètre et zone d'influence des prestations d'une profession, la RSP doit prendre en compte au minimum :

- les pouvoirs publics, en leurs organismes et personnels

- les personnes évoluant dans les lieux des activités (exécutant membres de la profession, prestataires d'assistance, voisins...), destinataires des produits et services (clients, consommateurs, prescripteurs...)
- les lieux et environnements de l'exercice (terrain...)
- les ressources utilisées

Question 9 : **quels sont les effets positifs ou négatifs ayant trait aux préoccupations du développement durable ?**

Selon l'impact sur les parties prenantes peuvent être examinées des zones d'influence (in situ, locale, nationale...) ; l'analyse de la temporalité des impacts sera également faite (immédiat, court terme, long terme, incertain).

Afin de satisfaire à cette démarche n° 4 et en particulier de répondre pertinemment aux questions clés ci-avant 7, 8, 9, il aura été préalablement procédé à l'exigence de la question clé n° 13.

Question 13 : Quelles sont les initiatives pour établir un dialogue avec les parties prenantes ?

Peuvent être citées à titre d'exemple :

- des interviews directs avec des représentants significatifs des parties concernées,
- des méthodes de benchmarking,
- l'assistance d'observatoires de RSE (ex. Orse, cfie, ce-ds...).

5. Évaluer le management d'une RSP

Il s'agit de répondre aux questions 10 et 11.

L'ensemble des « forces vives » européennes a pris conscience de la nécessité de proposer aux entreprises et aux collectivités humaines un guide de management de la RSE. Des travaux préliminaires sont menés sous les codifications de « projet » :

- en France : Afnor, SD 21000
- en Allemagne : VSM
- en Italie : Q-RES
- en Angleterre : Sigma et AA 1000

L'analyste/examinateur d'une RSP peut s'aider de questionnaires RSE déjà élaborés.

Les questionnaires RSE les plus utilisés

EIRIS : www.eiris.org
FTSE 4 good : www.ftse4good.com
Cfie : www.cfie.net
Guide CSR Europe Alliances : www.alliances-asso.org/htm
Corporate Responsability Exchange : www.londonexchange.com
Bilan cjdes : www.cjdes.com
ORSE : www.orse.org/fr/home
Novethic : www.novethic.fr
Etc.

Question 10 : **Quelles sont les conditions d'un reporting contributif à l'évaluation de la profession ?**

En matière de reporting, un consensus se fait à partir de la Global reporting initiative (GRI, 2002, www.globalreporting.org).

En France, les lignes directrices pour le reporting développement durable sont fixées par le décret 2002-221 en application de l'article 116 de la loi NRE du 15 mai 2001 qui donne une nomenclature d'informations sociales et certaines relatives aux conséquences de l'activité sur l'environnement.

Conscientes que le monde économique globalisé a pris en compte les principes de gouvernance dont la RSE configure les modalités, certaines professions, comme l'ordre des experts comptables, les greffiers… font un premier pas dans leur engagement de responsabilité sociétale. Elles proposent à leurs membres l'adhésion à des normes de système de management, telle la norme ISO 9000/2000.

Question 11 : **Quelles sont les méthodes d'évaluation et de contrôle interne et externe ?**

Sachant qu'aucune activité ne peut être performante, efficiente, capable d'être corrigée ou améliorée, si elle n'est pas soumise à un contrôle, il est évident qu'une profession *vs* sa RSP doit exiger de ses membres la mise en ordre d'un dispositif de contrôle interne.

Le contrôle interne est généralement compris comme un processus/dispositif mis en œuvre par les responsables de tous niveaux de l'entité organisée, support des activités, destiné à fournir l'« assurance responsabilité » quant à la réalisation des objectifs et à la maîtrise du fonctionnement des activités, expression de « bonnes pratiques et conduites ».

Le contrôle interne peut être assuré à titre individuel par des mesures et dispositions d'auto-contrôle ou de self-audit ou à titre collectif selon les guides pratiques tels que proposés par Coupers/Ifaci « *La nouvelle pratique du contrôle interne* » - Éditions d'Organisation.

Les dispositifs de contrôle interne applicables à l'exercice d'une profession déterminée pourraient être enoncés à la diligence d'organismes professionnels « ad-hoc », sous la forme de Guides de procédures. Le contrôle externe serait alors mené par des auditeurs externes indépendants (le CCIAS, cf. page 138, certifie des auditeurs RSE).

6. Avoir accès à la documentation utile

Il s'agit de répondre à la question 14.

Question 14 : **Quels sont les centres de documentation et d'information au stade national, européen, multinational ?**

- Chaque profession, selon la durée de son existence, le poids de son rôle et de ses pouvoirs dans l'économie nationale et mondiale, dispose de sources documentaires particulières.
- Depuis la naissance du Web (1991) une documentation foisonnante s'offre à toute profession.
- Est proposé au chapitre 7 de l'ouvrage un univers documentaire autour de la RSP.

7. Connaître les systèmes d'assistance et de défense d'une profession

Il s'agit de répondre à la question 12.

Question 12 : **Quels sont les systèmes d'assistance, de défense, auxquels la profession peut avoir recours ?**

Bien que les corporations aient été interdites en France depuis la loi dite Le Chapelier du 14 juin 1791, certaines professions sont organisées en ordres, conseils, chambres réglementés (ex. avocats, médecins, commissaires aux comptes, notaires...) ou exercées par des professionnels qualifiés par des diplômes, des nominations publiques, des certifications, etc. (ex. géomètres, auditeurs qualité...).

En dehors de ce cadre réglementaire, nombreuses sont les professions qui s'organisent dans des associations loi 1901 (ex. ANDCP, IFACI[1]...).

La profession achat, objet de cet ouvrage est regroupée dans le CDAF, qui lui-même adhère à des organisations européennes et internationales.

1. Ifaci : Institut français des auditeurs et contrôleurs internes ; ANDCP : Association nationale des directeurs et cadres de la fonction personnel.

A retenir

Face à ses RSP, toute profession assure des prestations que l'on doit :

- définir et traduire selon une approche processus (ISO 9000),
- exprimer à partir des référentiels de ses compétences, de son périmètre concerné, des parties prenantes impliquées,
- éclairer des dangers et risques générés lors des étapes de ses activités,
- mettre sous contrôle interne à l'appui d'un système de management dédié (type PDCA).

Deuxième partie

La Profession achat

La première partie de cet ouvrage a tracé le cadre conceptuel de la RSP et énoncé sept démarches, à partir des 14 questions clés pour en apprécier la portée et disposer des moyens de la mise en place d'un système de management des effets des prestations identifiées et référencées d'une profession.

Consacré à la profession achat, cet ouvrage dans sa deuxième partie en délimitera les caractéristiques fondamentales et en soulignera les dangers et risques à maîtriser pour assurer les attentes et besoins des parties prenantes, dans le respect du droit et de la soft-law au regard des principes du développement durable[1].

1. Se rapporter au schéma de la figure n° 5, page 51.

CHAPITRE 3

Qu'entend-on par profession achat ?

Dans ce chapitre, le lecteur verra que le périmètre de la profession achat, la diversité des droits auxquels elle est soumise, préfigurent les responsabilités sociétales induites par les prestations fondamentales que l'on peut modéliser dans une logique de processus, illustrée par un schéma qui reprend les bases de l'architecture de la RSP telle qu'illustrée figure n°5 (page 51).

1. Une profession au périmètre défini par l'acte d'achat
2. Deux types d'acheteurs
3. Des obligations juridiques issues d'une diversité de « droits »
4. Un processus d'achat bien architecturé
5. Une RSP conforme aux valeurs de l'entreprise
6. Le logigramme des prestations de la profession achat

1. Une profession au périmètre défini par l'acte d'achat

1.1 L'acte d'achat, préliminaire à toute activité commerciale

Dans le cadre d'une « économie libérale de marché »[1], les achats constituent l'acte préliminaire à toute activité commerciale de caractère privé qui se finalise normalement par la production de biens et/ou services destinés à être mis à la disposition de l'entreprise utilisatrice ou revendeuse, selon des modalités de transfert de propriété précisées dans un contrat d'achat.

1.2 La fonction achat est collégiale

La fonction achat ne peut être le privilège d'un individu isolé, les décisions à prendre doivent être collégiales, c'est le « centre d'achat » qui regroupe les titulaires des risques commerciaux, financiers, juridiques, sociétaux, éthiques...

1.3 La profession achat est exerçée par chaque acteur

En revanche les relations avec les fournisseurs sont du ressort des professionnels de l'entreprise qui, par leurs compétences et leurs expériences sont qualifiés « d'acheteurs ».

1. Selon le « Consensus de Washington » de 1990/2000 des grandes organisations mondiales pour la défense d'une économie de marché – FMI, BM, PNUE.

2. Deux types d'acheteurs

Deux types d'acheteurs interviennent dans cette profession :

- les acheteurs d'entreprise ;
- les acheteurs du commerce.

2.1 Les acheteurs d'entreprises peuvent gérer trois types d'achats

Ils ont à gérer :

- *les achats de production ou achats stratégiques* (matières premières, composants et sous-traitance) qui représentent un faible volume d'achat mais un montant qui peut atteindre plus de 80% du chiffre d'affaires d'achat effectué par l'entreprise, avec un nombre de fournisseurs réduit ;
- *les achats de fonctionnement ou achats généraux* (fournitures : consommables, produits d'entretien, pièces de rechange, emballage, énergie ; mobilier, machines de bureau, matériels informatique et bureautique ; prestations : voyages, restauration, transport, manutention, maintenance, gardiennage, nettoyage, publicité, intérim, prestations industrielles).

Contrairement aux achats de production, ces achats représentent un important volume d'achat, mais pour une faible part du chiffre d'affaires total d'achat (souvent 20%) avec près de 80% du nombre total des fournisseurs actifs et 50% du nombre de commandes lancées. Cela explique l'importance de la charge administrative des achats de fonctionnement ou achats hors production.

- *les achats d'investissement ou achats amortissables* (bâtiment : travaux neufs, aménagements ; machines, équipements, matériels de production ; véhicules).

2.2 Les acheteurs de commerce, dits de vente, achètent pour revendre en l'état

Les acheteurs de commerce achètent pour revendre en l'état et font des achats de négoce. Grâce à l'effet de volume, comme dans la grande distribution et dans les centrales d'achat, ils ont une capacité de négociation importante.

Le ROME (Répertoire opérationnel des métiers et des emplois - documentation française 1993) dans sa fiche 33122 donne la définition suivante de la fonction de l'acheteur du commerce :

« -Assure la responsabilité des achats d'une ligne de produits distribués par l'entreprise.

- Gère l'interface entre les fournisseurs et les responsables commerciaux des magasins.
- Propose, puis détermine, les collections ou les assortiments.
- Prospecte les fournisseurs potentiels, négocie les prix et les conditions d'achat.
- Gère sa ligne de produits dans le cadre de la politique commerciale définie par la direction ».

2.3 Le contrat de vente diffère du contrat d'entreprise

La distinction entre *contrat de vente* et *contrat d'entreprise*, peu commode, repose sur les critères suivants :

- si l'acheteur fournit la matière première, il y a *louage d'ouvrage,*
- si le vendeur fournit la matière première, il faut déterminer s'il y a davantage vente d'une chose que fourniture d'un travail indépendant ou inversement, c'est *le critère d'autonomie de la réalisation* qui est déterminant,
- si le vendeur reçoit des directives précises de l'acheteur, il y a *louage d'ouvrage,*
- si le vendeur exécute la tâche selon ses propres plans, il y a *vente de produit à fabriquer.*

Ces distinctions sont souvent l'objet de controverses et génératrices de risques.

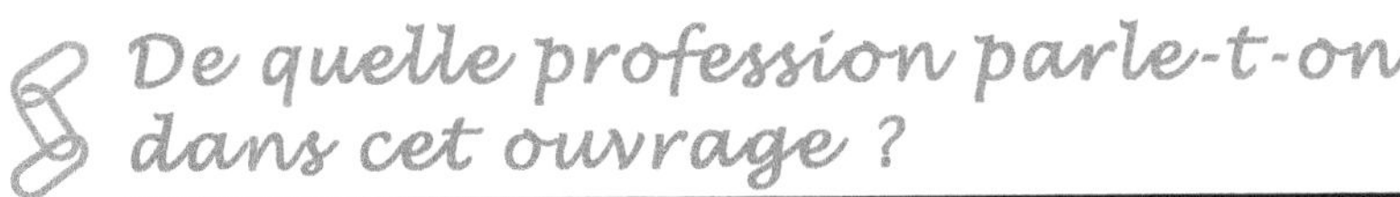

- La fonction achats (sourcing en anglais) n'inclut ni les fonctions d'approvisionnement[1] (procurement en anglais) ni les activités liées à la logistique[2].

1. Envoi de la commande, réception des marchandises, rapprochement et paiement des factures.
2. Gestion de flux, organisation des transports, manutention, stockage, distribution aux utilisateurs et clients.

- Dans cet ouvrage la profession achat regroupe des professionnels opérationnels employés au sein d'une entreprise privée, excluant les fonctionnaires des administrations publiques, régis selon des régles particulières.
- Les courtiers, les VRP (voyageur-représentant-placier), les agents commerciaux ne sont pas considérés comme des acheteurs, mais comme des commerciaux.

3. Des obligations juridiques issues d'une diversité de familles de « droits »

Le premier volet des impératifs de la responsabilité sociétale des achats consiste à satisfaire pleinement aux obligations juridiques qui s'imposent aux prestations d'achats.

3.1 Face à la diversité du droit...

Comme ces prestations sont mondiales, une première difficulté pour designer ces obligations réside dans la diversité des familles juridiques disant le droit :

- celle du droit écrit dans le monde romano-germanique
- celle du droit coutumier (common law) active dans la sphère anglo-saxonne
- celle du mixage des deux droits et où s'adjoignent des particularismes : droit musulman, droit socialiste, ou de coutume locale (centre de la Chine...).

Différences

Dans le droit coutumier, un gentleman's agreement vaut engagement, la parole peut l'emporter sur l'écrit.

Dans le droit écrit, l'écrit fait la preuve.

En France l'acheteur est puissant.

En Allemagne le vendeur est privilégié.

Le tableau ci-dessous dresse les périmètres des droits, nation par nation :

Droit coutumier	mixage	Droit écrit	
Angleterre, Ireland, Etats-Unis, Canada, Indes, Malaisie, Australie, Nouvelle Zélande	Ecosse, Israël, Afrique du Sud, Québec, Japon	France, Belgique, Luxembourg, Espagne, Italie, Portugal, Maroc, Tunisie, Irak	Allemagne, Autriche, Pays Bas, Suisse, Grèce, Brésil, Turquie
Musulman	Socialiste	Musulman	Musulman
Jordanie, Koweït, Arabie Saoudite, Qatar, Emirats	Fédération de Russie, Chine	Liban, Syrie, Egypte	Algérie

3.2... L'essai de clarification de la convention de Vienne...

Face à l'enchevêtrement du commerce européen, et l'opposition des droits écrit et coutumier, l'Union européenne dans la Convention de Vienne du 1er janvier 1988 a essayé de clarifier les situations en fixant ses règles.

La Convention de Vienne

- Le texte s'inspire du Droit américain (contractuel).
- Date d'entrée en vigueur : 1er janvier 1988.
- Règle principale : vendeur et acheteur ont leur « établissement » dans des états contractants différents.

- Opportunité de l'application de la Convention :
  - Si le vendeur et l'acheteur ont des systèmes juridiques voisins, la Convention peut être rejetée au profit du droit qui rencontre l'accord des deux parties.
  - Si le vendeur et l'acheteur ont des systèmes juridiques différents, il y a intérêt à appliquer la Convention.
  - En revanche, ils peuvent choisir, dans la Convention les parties qui leur conviennent et écarter les autres ou même modifier les effets prévus par la Convention de certaines dispositions. Cela s'appelle l'exclusion partielle.

3.3... Et la notion d'offre révocable ou irrévocable

La confrontation de ces droits s'exprime dans la notion classique d'offre révocable ou irrévocable.

Les confusions de l'appréciation des différents droits entraînent des risques juridiques mal maîtrisés par un acheteur inexpérimenté.

- *offre révocable* : sans effet juridique, elle relie celui qui l'a établie qu'une fois acceptée.
- *offre irrévocable* : avec effet juridique, c'est une « déclaration de volonté » qui s'éteint lorsqu'elle est refusée à son auteur, ou bien si elle n'est pas acceptée en temps utile (usage).

L'offre irrévocable selon les différents droits

En droit français, jusqu'à sa durée de validité l'offre est irrévocable, au delà elle peut être retirée tant que le destinataire ne l'a pas acceptée : elle reste dans ce cas une offre révocable.

En droit allemand, l'offre s'éteint lorsqu'elle est refusée à son auteur. Quiconque propose à autrui de conclure un contrat est lié par son offre à moins qu'il l'ait exclu expressément (c'est alors une offre irrévocable).

En droit américain, elle peut être qualifiée de « ferme » mais pendant un délai qui ne peut dépasser 90 jours. Ceci est exceptionnel -offre révocable.

Selon la Convention de Vienne, elle consacre la révocation à condition que celle-ci parvienne au destinataire avant que celui-ci ait expédié son acceptation (offre révocable).

4. Un processus d'achat bien architecturé

Rappelons ici que les prestations d'achat se déroulent selon le processus suivant (figure n°7)

- Elaboration du cahier des charges
  1- Reconnaissance des besoins et attentes de l'entreprise utilisatrice
  2- Co-élaboration du cahier des charges fonctionnel définissant les besoins
  3- Détermination des spécifications, quantités et dates d'utilisation
- Choix du fournisseur
  4- Recherche des fournisseurs potentiels
  5- Analyse et évaluation des propositions
  6- Sélection, négociation, choix du/des fournisseurs
- Rédaction du contrat
  7- Formation du contrat de vente ou d'entreprise
- Cotation des performances
  8- Cotation des performances des fournisseurs

5. Une adhésion aux valeurs de l'entreprise

Partie intégrante de l'entreprise, les achats doivent se conformer aux engagements proclamés par le niveau politique responsable, et énoncés dans des chartes d'entreprise (chartes éthiques ; ex : Suez, Accor, Danone... déclinant « vocations et valeurs ») ou professionnelles (ex : Care d'Uic)[1].

L'adhésion aux dix critères de la Global Compact de l'ONU de 1999 se propage à la majorité des grandes multinationales (texte en annexe). Cette adhésion implique de la part de l'entreprise la mise en place d'un système de management dont le fascicule de l'Afnor SD 2100 devrait ultérieurement préfigurer une norme *ad hoc*.

A retenir

- **Construire avec rigueur le référentiel des prestations d'achats, au regard des remarques soulignées dans ce chapitre, en s'appuyant sur le logigramme processus, est une démarche fondamentale si l'on veut déceler, peser, maîtriser les dangers et risques professionnels des acteurs des achats.**
- **L'utilisation du diagramme en arêtes de poisson tel proposé page 55 sera un outil à privilégier.**

1. Union internationale de la chimie.

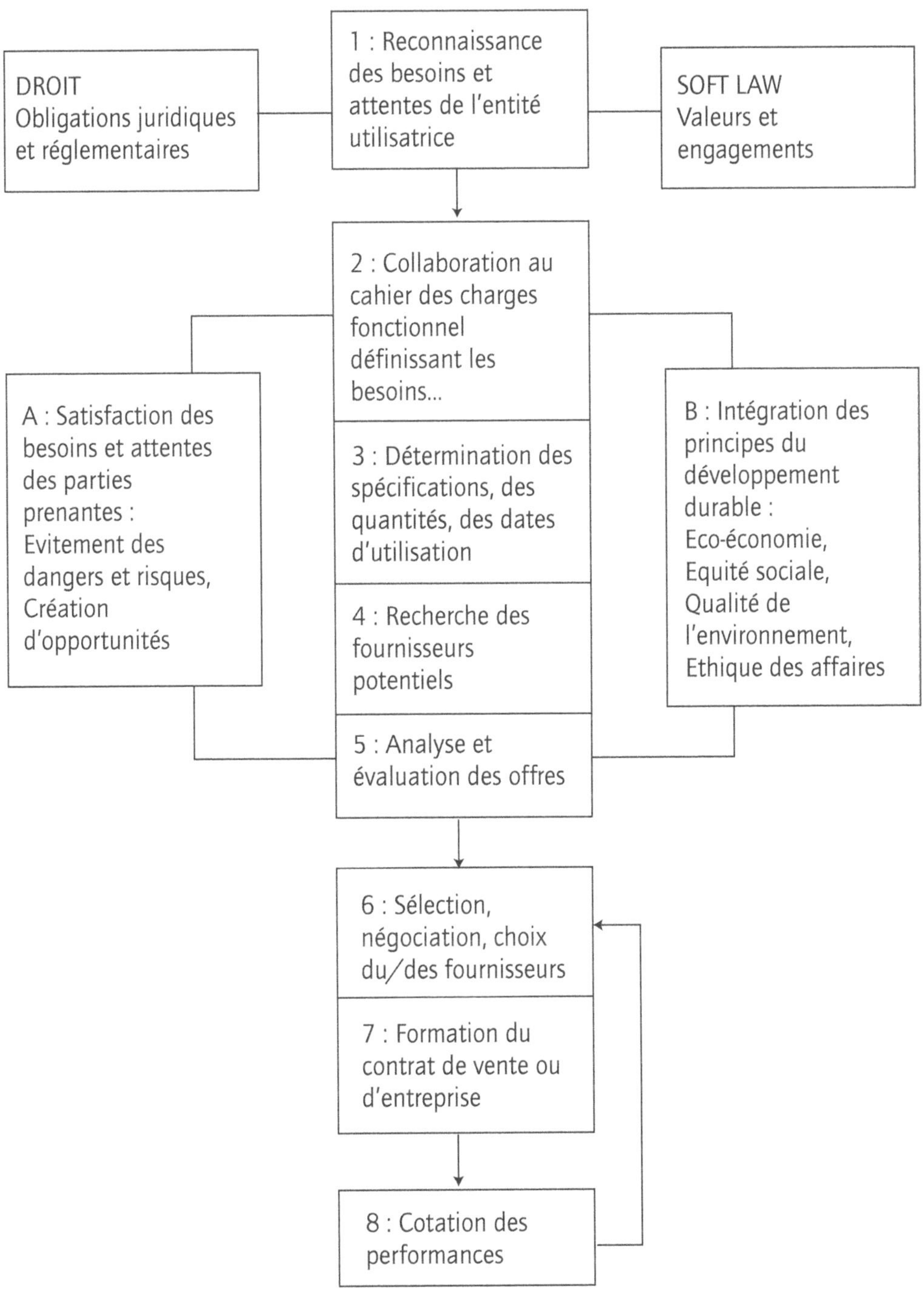

Figure n° 6. Logigramme des prestations de la profession achat

CHAPITRE 4

Quels sont les risques professionnels de l'acheteur ?

Phase par phase du processus d'achat, le lecteur verra dans ce chapitre quels sont les risques divers et multiples encourus par l'acheteur et comment il peut les déceler et s'en prémunir.

1. Les risques au moment de l'élaboration du cahier des charges
2. Les risques liés au processus fournisseurs
3. Les risques liés au contrat d'achat
4. Les moyens de se prémunir : la vigilance dans la rédaction des contrats d'achat

1. Les risques au moment de l'élaboration du cahier des charges

Chaque phase de l'élaboration du cahier des charges comprend certains risques.

Phase 1 : Reconnaissance des besoins et attentes de l'entité utilisatrice

Deux conditions sont nécessaires pour concrétiser en acte d'achat une situation d'achat, chez un donneur d'ordre :

- percevoir et exprimer le besoin sous la forme de fonction à remplir, ce qui correspond à une *obligation de résultats* et non sous forme d'objet ce qui correspondrait à une obligation de moyens ;
- disposer sur le marché de fournisseurs, des sources capables de satisfaire le besoin exprimé, d'où le recueil préalable par les achats d'informations sur les produits et services utilisables par l'entité.

Quelles sont les composantes des risques encourus ?

Risques techniques

- incompatibilité avec l'outil de production,

- incompatibilité avec le savoir-faire du personnel,
- inadéquation du produit au besoin (tôle -> plastique)

Risques liés au service

- Difficulté à obtenir l'assistance du fabricant, pour maîtriser le besoin, si l'entreprise ne maîtrise pas la technologie,
- Non-accès aux fournisseurs en situation critique

Phase 2 : Co-élaboration du cahier des charges fonctionnel définissant les besoins

Le cahier des charges fonctionnel représente l'ensemble des exigences exprimées par l'entité en termes de fonction de service et de contraintes.

Servant de base aux consultations, il est généralement rédigé par les techniciens, dans une optique de sécurité maximale en relation avec les risques encourus.

Concernant la co-élaboration (technicien/acheteur), l'analyse du risque, relève de l'approche suivante :

- analyser les dimensions du risque : technique-financier liés aux livraisons, au service, aux relations fournisseur
- analyser les déterminantes du risque :
  - type d'achat : identique – modifié – nouveau
  - type de produit : banalisé – déterminant – spécifique
  - marché fournisseur : stable – homogène – concurrentiel
  - marché client : innovateur – stable – en développement

A l'examen de ces analyses et du point de vue de l'entité cliente (ce qui est stratégique pour l'un peut être banal pour l'autre) deux catégories de risques apparaissent : *les risques dominants* et *les risques moyens.*

La réduction des risques moyens est un objectif poursuivi en collaboration des achats et de la technique.

Quelles sont les composantes des risques encourus ?

- *Les risques dominants* sont de nature telle qu'en cas d'incident, celui-ci est considéré grave. Ils correspondent à des critères éliminatoires et font l'objet de clauses non-négociables. Entrent dans cette catégorie :
  - *Les produits déterminants* pour lesquels une rupture d'approvisionnement entraîne un arrêt de fabrication,
  - *Les produits stratégiques* dont l'achat pèse sur l'avenir de l'entreprise (spéculation, conflits, pénuries, nouvelles technologies).
- *Les risques moyens* sont contrôlables, les incidents peuvent être résolus par un effort de mobilisation de moyens appropriés. Les risques moyens correspondent à des critères compensatoires et font l'objet de clauses négociables.
  - *Risques techniques* : à la conception du produit si la technologie mise en œuvre n'est pas maîtrisée par les techniciens concernés,
  - *Risques liés au service* : possibilités d'effectuer des essais si le produit doit être homologué ou réalisé par des technologies substituables ; formation du personnel ; service après-vente,

- *Risques liés aux relations fournisseur* : dépendance technique, commerciale, technologique,
- *Risques liés au marché aval* : réaction du consommateur final.

Phase 3 : Détermination des spécifications, quantités et dates d'utilisation

Le cahier des charges fonctionnel est un document qui évolue et s'enrichit progressivement au cours de la création d'un produit jusqu'à son développement.

Avec la dernière édition du cahier des charges l'acheteur dispose du document contractuel dont le rôle est d'exprimer les exigences techniques de l'utilisateur/prescripteur. Ce document s'appelle 'spécifications'. Il a pour fonction de définir la nature des produits et services à acquérir, leur qualité et les moyens de respecter cette qualité.

Quantités et dates d'utilisation. Il existe deux cas :

- *Produits stockés* dont les besoins découlent de la gestion des stocks,
- *Produits nouveaux* dont les besoins apparaissent chez l'utilisateur.

Quelles sont les composantes des risques encourus ?

Risques techiques

- qualité du produit : niveau de performance

- constance de la qualité : étendue de la fourchette de tolérance

Risques liés aux livraisons

- ponctualité des livraisons
- rapidité d'exécution des commandes
- disponibilité des stocks
- conformité des quantités et des spécifications

2. Les risques liés au processus fournisseurs

Phase 4 : Recherche de fournisseurs potentiels

A partir d'une collecte d'informations sur les sources potentielles d'achat, l'acheteur procède à la consultation de ceux réunissant les conditions requises sous deux formes :

- *consultation* pour connaître prix, qualité et délai, sans engagement de commande ; cette procédure s'applique aux produits banalisés dans le but de suivre l'évolution des prix ;
- *appel d'offre* : cette procédure s'applique pour les marchés importants susceptibles de renouvellement ; l'appel d'offre est accompagné des spécifications issues du cahier des charges fonctionnel fondé sur une contribution efficace au développement durable et aux attentes et besoins des parties prenantes.

Quelles sont les composantes des risques encourus ?

Risques liés aux relations fournisseur

- sécurité des informations
- compatibilité liée à la taille
- marché acheteur ou vendeur

Risques liés à la complexité commerciale
- structure concurrentielle (monopole, oligopole)
- stabilité concurrentielle (secteurs qui se délocalisent, secteurs concurrencés par les pays en voie de développement)

Phase 5 : Analyse et évaluation des offres

Non seulement un fournisseur doit être fiable et compétitif, mais il doit aussi permettre à l'acheteur la prise en compte d'un certain nombre de critères.

- Les exigences clients qui se traduisent par une recherche de :
  - réactivité, d'où proximité du site de production
  - flexibilité, d'où capacité de l'outil de production à suivre des variations de volume ou de rythme de livraison
  - fiabilité, d'où disposer d'une organisation et des moyens susceptibles de répondre aux évolutions technologiques
- L'implication des fournisseurs et sous-traitants les plus engagés dans une logique de développement durable
  - Les conditions de travail proposées par les fournisseurs et sous-traitants et le respect des obligations internationales dans ce domaine

Quelles sont les composantes des risques encourus ?

Risques financiers
- instabilité des prix
- risques de change

- conditions de paiement

Risques liés aux livraisons :

- disponibilité
- ponctualité
- conformité

Risques techniques :

- fiabilité

Complexité technique du marché :

- degré d'hétérogénéité des offres

Phase 6 : Sélection, négociation, choix du/des fournisseurs

- *Sélection* : cette phase intervient, une première fois, avant la négociation pour éliminer au cours de l'examen les offres sans intérêt ; au cours de cette phase, l'acheteur travaille avec les autres membres du centre d'achats pour trouver si nécessaire un compromis entre les différentes contraintes des titulaires des risques encourus.
- *Négociation et choix du/des fournisseurs*
  - *Négociation* : pour l'acheteur il s'agit de conclure un accord gagnant/gagnant
  - C*hoix du/des fournisseurs* : l'acheteur diversifie ses sources pour réduire les risques ; s'il s'agit de choisir entre producteur-distributeur-agent, il convient de mesurer les avantages du distributeur comparé au prix moins élevé du producteur

Quelles sont les composantes des risques encourus ?

Risques liés aux relations fournisseur

- dépendance commerciale
- dépendance technologique
- compatibilité, taille du fournisseur

Risques financiers :

- notion de coût global
- niveau des stocks

Risques liés aux livraisons

- disponibilité
- ponctualité

Risques liés au service

- si assistance technique nécessaire
- si formation du personnel
- si manutention du matériel (service après-vente)

Phase 7 : Formation du contrat d'achat

Comme on doit le souligner, c'est lors de cette phase que les risques sont les plus importants.

- ***La nature délicate du contrat d'achat implique obligations et prises de risques réciproques aux contractants***

3. Les risques liés au contrat d'achat

L'acte d'achat est une opération commerciale ayant pour objet d'instaurer des relations contractuelles dont l'issue est satisfaisante pour les deux parties.

Le contrat, qui en découle, implique des obligations et des prises de risques réciproques pour les contractants.

Confrontés quotidiennement aux pièges crées par cette situation : livraison retardée, produits non conformes, prix modifié, etc., l'acheteur doit d'abord se protéger et en cas de litige obtenir le recours qui s'impose.

- *Pour se protéger,* il doit identifier les risques des situations d'achat auxquelles il est confronté.
- *Pour obtenir le recours,* il doit connaître les clauses opportunes indispensables à l'élaboration d'un bon contrat.

La démarche de l'acheteur professionnel, qui a la charge d'engager son entreprise sur le marché amont des fournisseurs, est soumise :

- *aux règles du marché* sur lequel il négocie des accords ;
- *aux règles du droit,* puisqu'il matérialise ces accords par des contrats.

Les relations entre acheteur et vendeur peuvent être définies en toute liberté ; ce sont alors *les clauses particulières,* contenues dans les contrats, qui permettent aux acheteurs de se protéger contre les risques encourus. Or, ces clauses sont souvent conçues plutôt administrativement que juridiquement, alors que leur but est de traduire, en termes contractuels, la volonté des acheteurs.

L'acheteur professionnel doit donc s'attacher à maîtriser la nature juridique de son action. Sa vocation n'est pas de faire du juridisme c'est-à-dire de s'attacher au formalisme des règles du droit et il n'est pas question de le transformer en juriste. Mais il doit se familiariser avec le langage spécifique du droit des achats, face au « flou » du droit commercial et connaître les lois qui règlent les rapports des individus entre eux.

Quels sont les textes de référence du droit commercial ?

En France un ensemble de règles juridiques s'appliquent aux entreprises, aux commerçants et aux contrats.

Ces règles constituent le Droit Commercial, branche du Droit privé qui relève du Code Civil, du Code du Travail et du Code du Commerce, c'est le Droit des Affaires ou Droit de l'Economie.

- ***Le contrat d'achat formalise l'acte d'achat***

L'acte d'achat peut résulter, soit d'une longue *négociation*, confirmée par un contrat cosigné par les contractants, soit avoir un caractère plus routinier et faire l'objet d'un *bon de commande*, ou encore d'un simple appel téléphonique.

D'autre part il peut être ponctuel ou répétitif.

Pour des raisons de rapidité et de simplicité, les contrats commerciaux, en application du principe du consensualisme, peuvent se conclure verbalement. L'écrit ne constitue pas le contrat par lui-même, il le prouve.

Un contrat formalise une convention qui crée des obligations réciproques résultants d'un accord.

- Une *convention*, c'est l'accord de deux ou plusieurs personnes en vue de créer, modifier ou éteindre une obligation
- Une *obligation*, c'est un lien de droit par lequel une personne est tenue envers une autre à des prestations.

Un contrat est un instrument d'échange entre des personnes et instrument un instrument juridique. Il est non seulement sa propre justification juridique mais sa propre justification éthique : Il est juste parce qu'il est voulu.

Il est nécessaire que ces deux qualités d'instrument d'échange et d'instrument juridique soient réunies pour aboutir à l'instrument économique que constitue le support administratif et commercial appelé Commande.

Quelles sont les règles applicables aux contrats commerciaux ?

Les règles applicables aux contrats commerciaux sont celles du droit commun des contrats :

Articles 1101 - 1102 - 1126 - 1134 – 1135 du Code Civil.

- ***Le consentement est nécessaire pour valider le contrat d'achat***

Deux principes apparaissent, ils guident la conduite des parties en présence et constituent les fondements de la liberté et de la sécurité des transactions : le contrat ne peut se former que si acheteur et vendeur ont abouti, par négociation, à une adéquation parfaite entre une *offre* et une *acceptation exprimées sans réserve.*

OFFRE + ACCEPTATION = CONTRAT

L'offre : c'est un engagement de vente à des conditions générales et particulières. L'offre doit être ferme, précise, complète et sans ambiguïté.

L'acceptation : c'est l'accord des volontés qui forment le contrat. L'acceptation doit intervenir avant l'expiration du délai de validité de l'offre. Le silence ne vaut pas acceptation, cependant en cas de relations d'affaires suivies et si, dans le cadre d'une négociation ouverte, la nouvelle offre annule la précédente et répond de façon exclusive à la sollicitation de l'acheteur, le silence peut être considéré comme une acceptation tacite.

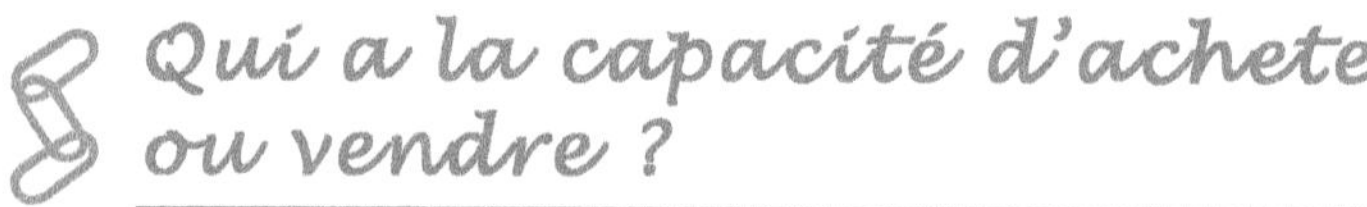

Qui a la capacité d'acheter ou vendre ?

L'article 1594 du Code du commerce précise : tous ceux auxquels la loi ne l'interdit pas peuvent acheter ou vendre.

Seuls le Président Directeur Général pour les sociétés anonymes et les gérants pour les S.A.R.L ont le pouvoir d'engager juridiquement leur entreprise.

Comme ils ne peuvent tout faire, notamment négocier et signer tous les contrats, ils sont amenés à déléguer leur pouvoir et notamment leur signature.

- ***La vigilance s'impose sur les clauses d'usage***

La multitude des clauses d'usage commun et particulier impose pour le rédacteur une attention minutieuse.

- L'acheteur construit son contrat en effectuant l'examen, clause par clause, à partir des objectifs à atteindre, des pièges et des dangers qui se rapportent à chaque accord obtenu au cours de la négociation.

Bien entendu, les contrats types proposés par les fournisseurs, avec leurs clauses toutes prêtes, sont à proscrire.

Dans la rédaction du contrat où l'acheteur reproduira fidèlement les prises de position concrètes de chaque partie, avec le souci de protéger les intérêts de son entreprise, il s'agit de traduire en termes contractuels la volonté de l'acheteur après consentement du vendeur.

4. Les moyens de se prémunir, la vigilance dans la rédaction des contrats d'achat

Quelles sont donc les clauses du contrat qui doivent être l'objet d'une attention pointilleuse ?

A : L'objet du contrat

Cette clause a pour but de :

- énumérer et caractériser les obligations des contractants.
- indiquer dans quel cadre les obligations seront exécutées.

En matière de responsabilité contractuelle, il faut distinguer l'obligation de résultat et l'obligation de moyens.

- *Obligation de résultat* : le fournisseur promet à l'acheteur un résultat défini. Dans ce cas la faute du fournisseur est présumée en cas d'inexécution.
- *Obligation de moyens* : le fournisseur s'engage à mettre au service de l'acheteur les moyens dont il dispose. Dans ce cas la faute du fournisseur doit être prouvée par l'acheteur.

La non exécution fautive du contrat entraîne la possibilité pour l'acheteur de réclamer au fournisseur des dommages et intérêts compensatoires.

Le simple retard dans l'exécution peut également entraîner la responsabilité du fournisseur qui pourra se voir réclamer des dommages et intérêts moratoires.

Pour se dégager de sa responsabilité contractuelle, le fournisseur peut invoquer une cause étrangère qui ne lui soit pas imputable : force majeure, cas fortuit, faute de l'acheteur lui-même ou d'un tiers.

Autres obligations imposées au vendeur:

- *Obligation de conseil*: fournir un produit adapté aux besoins de l'acheteur.
- *Obligation de renseigner*: fournir à l'acheteur les informations nécessaires à la bonne utilisation du produit.
- *Obligation de sécurité* : fournir un produit ne présentant aucun danger pour son utilisateur.

B : La chose ou dispositions techniques

Avec cette clause, il s'agit de définir et prévoir les différentes étapes dans la réalisation d'une opération industrielle et plus particulièrement : réaliser la chose, garantir la chose.

L'acheteur, au préalable, aura assimilé le besoin de l'utilisateur et négocié cet impératif avec le fournisseur.

C : Le prix ou dispositions commerciales

Depuis 1986, seule la concurrence est sensée jouer un rôle régulateur et maintenir l'équilibre des prix. En conséquence, la fixation des prix est sous la responsabilité des entreprises avec toutefois deux exceptions.

Deux exceptions à la liberté de fixation des prix

- Tous les prix sont libérés à l'exception de ceux du livre, du tabac, des médicaments et de certains services, par exemples ceux rendus par les notaires.
- En cas de circonstances exceptionnelles, le gouvernement peut, par décret et pour une courte période, intervenir sur les prix.

Pour la détermination du prix dans le contrat d'achat, l'article 1129 du C.C. précise : « *Il faut que l'obligation ait pour objet une chose au moins déterminée quant à son espèce. La qualité de la chose peut être incertaine, pourvu qu'elle puisse être déterminée.* »

Il faut distinguer le prix déterminé du prix déterminable

- *Prix déterminé* : prix définitif, ferme pendant la durée du contrat.
- *Prix déterminable* : le contrat prévoit la possibilité de le déterminer par voie de relation avec des éléments ne dépendant pas de la volonté des parties.

D : Le délai de livraison

Souvent, dans les conditions générales de vente on trouve la formule : « *Nos délais de livraison sont donnés à titre indicatif sans engagement.* »

Le délai doit être exprimé par une date précisément déterminée et s'accompagner du terme : *impératif.*

Cette formule, reconnue par les juristes, doit être utilisée selon les nécessités de l'ordre de livraison.

L'encadrement juridique

- Clause pénale : Article 1152 du C.C.

Cette clause prévoit, si le fournisseur ne satisfait pas à son obligation, de lui faire payer une somme d'argent en relation avec le montant des marchandises non livrées.

- Clause résolutoire : Article 1184 du C.C.

Cette clause prévoit l'annulation immédiate du contrat pour un retard de livraison, mais aussi une qualité insuffisante ou un manquement aux obligations.

- La Clause de force majeure.

Une clause de Force majeure prévue dans un contrat à pour objet de : Prévoir le cas ou un événement rendrait impossible l'exécution, partielle ou totale, des obligations de l'une des parties, en dehors de toute faute contractuelle.

E : La responsabilité d'inexécution du contrat par le fournisseur

Pendant et après l'exécution d'un contrat l'acheteur peut mettre en cause son fournisseur pour inexécution.

La responsabilité de ce dernier peut être engagée sous deux formes :

- *La Responsabilité stricte ou délictuelle* qui découle d'un fait générateur provoquant un préjudice en relation directe de cause à effet.

Exemple : Pour le fournisseur, respecter les règles de sécurité envers les utilisateurs de ses produits.

- *La Responsabilité contractuelle* qui découle du contrat et des obligations qu'il crée. En droit français le déclenchement de la responsabilité contractuelle repose sur les concepts d'obligation de moyens ou de résultats.

Avec *l'obligation de moyens*, c'est la faute qui est prise en considération si le fournisseur n'a pas utilisé tous les moyens dont il disposait.

Avec *l'obligation de résultat*, c'est l'inexécution qui est prise en considération et le fournisseur ne peut pas invoquer l'absence de faute pour se décharger de sa responsabilité.

F : Le transfert de propriété et des risques

Cette clause définit la date et le lieu où la propriété passe du vendeur à l'acheteur.

Le transfert de propriété en droit français est totalement indépendant du paiement. Toutefois, en raison de la nature des produits achetés le transfert de propriété peut être retardé. Il s'effectue comme suit :

- *A la formation du contrat* pour des corps certains, dès qu'il y a accord sur la chose et sur le prix, le contrat est formé et la chose passe immédiatement à l'acheteur (Article 1583 C.C.).
- *A l'individualisation*, s'il s'agit de chose du genre.
- *Après exécution*, s'il s'agit de chose à fabriquer.

Transfert de propriété et transfert des risques font souvent l'objet d'une clause unique alors qu'une différence s'impose.

La clause transfert des risques fait partie des modalités de livraison, il est conseillé d'indiquer dans le texte de cette clause la mention suivante :

« *Le transfert des risques se fera à la remise de la chose entre les mains de l'acheteur.* »

G : La réserve de propriété, un concept à clarifier

Il s'agit d'une Convention de Droit commun appelée loi Dubanchet et datant de 1980. Cette convention a pour objet de protéger le fournisseur qui garde la propriété de la chose vendue, jusqu'au paiement par l'acheteur.

En revanche, si l'acheteur fait la plus petite transformation ou incorporation, le vendeur perd son droit de reprise.

H : La Livraison des marchandises

Les obligations du vendeur découlent des Articles 1602 - 1603 - 1610 du C.C.

- *Délivrance* : c'est la remise matérielle de la marchandise aux lieux, dates et conditions contractuelles.
- *Garantie* : le vendeur, en dehors de la garantie, est tenu d'expliquer ce à quoi il s'oblige ; tout pacte obscur ou ambigu s'interprète contre le vendeur.

Les obligations de l'acheteur découlent des articles 1650 - 1652 - 1654 du C.C.

- *Prendre livraison* suivant le mode de facturation prévu : Franco ou Départ.
- *Payer le prix* convenu selon l'échelonnement prévu.

I : Les conditions de paiement

La clause paiement d'un contrat d'achat correspond au crédit vendeur et constitue un paramètre de négociation sous la responsabilité de l'acheteur, en liaison avec la fonction financière de l'entreprise.

En effet, selon l'état de la trésorerie du moment, il peut être avantageux :

- soit de régler au comptant avec un escompte confortable, ce qui permet de compenser les frais financiers,
- soit de payer à terme, le crédit vendeur obtenu permettant de réduire d'autant le loyer de l'immobilisation financière du stock et, dans le meilleur des cas, de vendre avant de payer le fournisseur (comme par exemple dans la grande distribution).

Les conditions de règlement sont soumises aux dispositions des articles L 441.3 - 441.6 - 442.6 du code de commerce.

J : Les clauses diverses à ne pas négliger

La clause désignation des participants : elle permet d'identifier les contractants.

La clause de durée du contrat

- En cas de durée déterminée, il faut prévoir la reconduction qui peut être tacite, à condition de prévoir une durée de préavis permettant le non renouvellement.
- En cas de durée indéterminée, les modalités de cessation sont à prévoir.

Exemple : prévenir l'autre partie par lettre recommandée avec A.R deux à trois mois à l'avance.

La clause de confidentialité

- L'acheteur, dès le stade des pourparlers, doit prendre les précautions nécessaires afin de protéger le patrimoine intellectuel et industriel de l'entreprise.
- Le fournisseur ou sous-traitant est tenu de conserver secrètes les informations qui lui sont fournies pendant la durée du contrat, mais aussi au-delà pour une période à définir.

La clause assurance

Principalement en sous-traitance, le fournisseur doit couvrir sa responsabilité civile pour tout type de dommage direct ou indirect causé par les produits objet du contrat.

La clause propriété industrielle et intellectuelle

L'acheteur doit interdire à ses fournisseurs la reproduction industrielle ou intellectuelle des cahiers des charges. Si le prestataire effectue un développement spécifique, il en reste propriétaire, sauf si l'acheteur l'a commandé.

La clause contestation - attribution de juridiction

En cas de différents sur l'interprétation ou l'exécution du contrat, fournisseur et acheteur recherchent d'abord une solution amiable au mieux de leurs intérêts mutuels.

A défaut seuls les Tribunaux de commerce sont compétents.

Les signatures

Elles constituent des obligations aux signataires et des droits au partenaire ainsi protégé.

Le paraphe de chaque page et annexe garantit contre la substitution d'une page, c'est une protection.

À retenir

Le poids des prestations Achat dans la chaîne de la valeur de toute entité productrice, impose une attention vigilante et méthodique à la maîtrise des dangers et risques, gage de la performance, voire de la pérennité de l'entreprise acheteuse.

Troisième partie

La responsabilité sociétale professionnelle des acheteurs

Après avoir fourni les éléments permettant d'intégrer la profession achat dans l'approche novatrice de la RSP (chapitres 1 et 2) et avoir souligné la primauté de la maîtrise des risques liés à l'achat (chapitre 4), il importe dès lors de montrer comme la profession achat pourra faire vivre (chapitre 5) et soutenir (chapitre 6) sa RSP, en s'appuyant en continu sur un système d'information pratique (chapitre 7).

CHAPITRE 5

Comment la profession achat peut-elle faire vivre sa RSP ?

Dans ce chapitre le lecteur verra comment la profession peut prendre en compte sa responsabilité sociétale à l'égard des parties prenantes impliquées et en retour à la mobilisation de leur responsabilisation.

Il verra que c'est dans l'éco-conception que la responsabilité de la profession est la plus engagée et trouvera un tableau récapitulatif qui pourra lui servir de guide.

1. Quelles sont les parties prenantes intéressées par la RSP des achats
2. Comment mettre en œuvre la RSP des achats vis-à-vis des personnes ?
    - 2.2 Assurer la sécurité des personnes de l'entreprise
    - 2.3 Créer les conditions d'une bonne pratique du métier d'acheteur
3. Comment prendre en compte le développement durable
    - L'éco-conception d'un produit éco-économique

1. Quelles sont les parties prenantes intéressées par la RSP des achats ?

Les prestations des achats qui s'étalent de la reconnaissance des besoins à la production du contrat d'achat impliquent :

- directement
  - *l'acheteur* chargé du processus d'achats
  - l'entité prescriptrice des besoins, *le client*
  - le *fournisseur* sélectionné
- collatéralement
  - dans les phases 1 (reconnaissance des besoins), 2 (co-élaboration du cahier des charges), 3 (spécifications, quantités et dates d'utilisation) les *autres services* de l'entité demandeuse
  - les *travailleurs* que se soit les *personnels de l'entreprise ou ceux des fournisseurs* normalement affectés tant par la production que par l'usage des biens et services achetés
- en permanence
  - les *pouvoirs publics,* porteurs du droit et des réglementations juridiques, techniques et commerciales
  - les *organisations de la profession* (chambres, comités, unions, syndicats) et les *organisations d'assistance technique* (ex-CSTB[1]), commerciale (ex-CCI), les instances

1. Centre scientifique et technique du bâtiment. www.cstb.fr

supranationales (ex-UE, OCDE) et de la société civile (ex-CRS Europe[1])

Les relations entre les achats et ses parties prenantes peuvent être exprimées par le schéma synthétique de la figure n° 7.

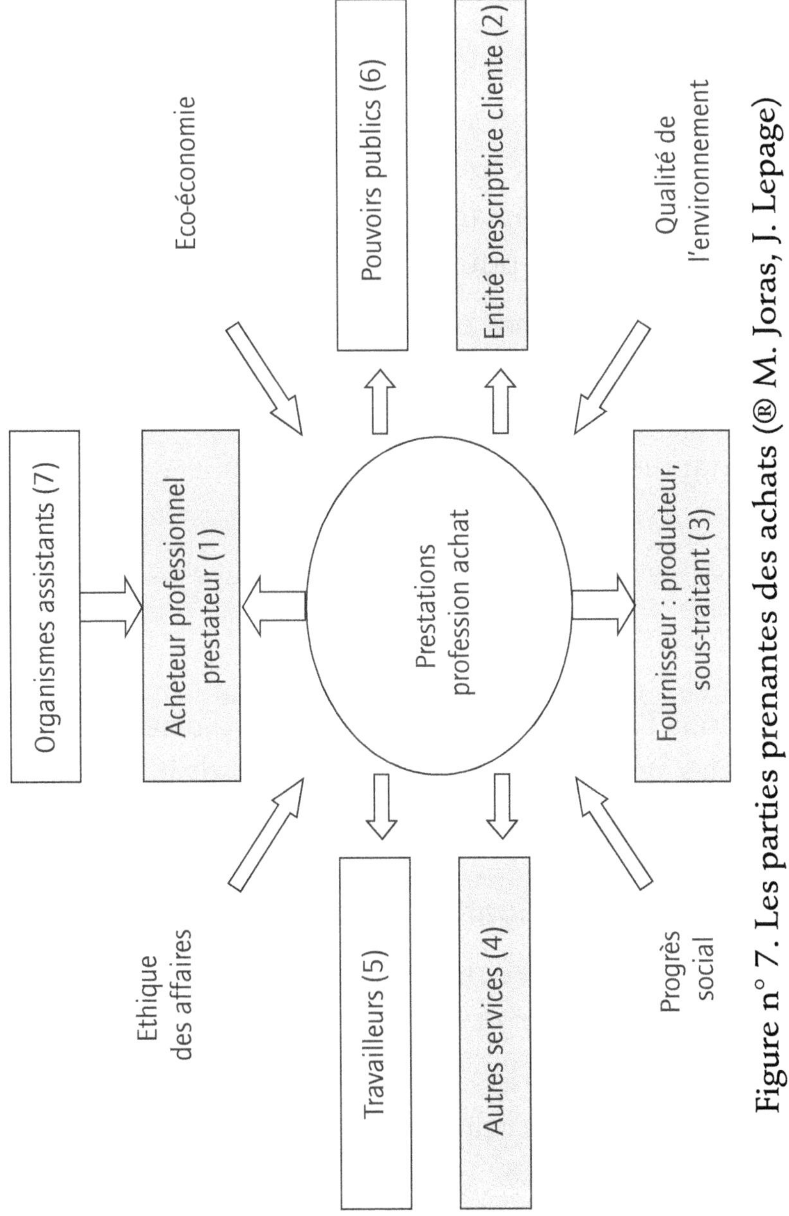

Figure n° 7. Les parties prenantes des achats (® M. Joras, J. Lepage)

1. Cf. chapitre 7.

2. Comment mettre en œuvre la RSP des achats vis-à-vis des personnes ?

Au cours de l'examen des phases principales des prestations d'achat, ont été dégagés les principaux points clés créateurs de risques, sur les parties prenantes directement impliqueés : l'entité demandeuse/cliente, les pouvoirs publics, les fournisseurs.

C'est l'acheteur lui-même et l'ensemble des travailleurs impliqués dans l'une ou l'autre des phases du processus achats qui demandent naturellement une attention particulière en tant que parties prenantes constamment concernées.

2.1 Assurer la sécurité des personnes de l'entreprise

Ainsi que nous l'avons vu dans la première partie de cet ouvrage la sécurité des personnes et des travailleurs doit être considérée comme une préoccupation essentielle d'une RSP.

Mettre en œuvre l'obligation de précaution

Cette préoccupation s'articule autour des concepts d'*obligation de précaution* et *sécurité de résultat* (cf. paragraphes 3.5.2).

- Chaque bien (matériel, machine, produits…) acheté doit répondre à des spécifications de sécurité et sûreté d'usage, qui seront inventoriées et prises en compte dans les phases 1, 2, 3 des achats.

- Pour les personnels et travailleurs (intervenants ou utilisateurs) sur des entités situées en France devront être retenus les points de repère du « *document unique* » d'inventaire de dangers et risques professionnels au service de l'entreprise (circulaire n° 6DRT – 18 avril 2002 et loi 230.2 du Code du travail, www.travail.gouv.fr), qui concernent particulièrement :
  - les procédés de fabrication et d'utilisation des matériels,
  - les équipements du travail,
  - les substances et préparations chimiques,
  - l'aménagement et réaménagement des lieux et postes de travail.
- En matière de chantiers bâtiments et travaux publics, devront être élaborés des *plans de sécurité et protection de la santé.*
- Dans les phases 1,2,3 du processus, afin de répondre aux prescriptions réglementaires devront être associées à la rédaction du cahier des charges :
  - les instances représentatives du personnel (CHSCT et délégués),
  - le médecin du travail,
  - les autres professionnels internes,
  - les travailleurs du périmètre de la production.
- Peuvent être sollicités, en qualité d'assistants, les organismes publics de prévention (les caisses régionales d'assurance maladie (CRAM), l'Institut national de recherche et de sécurité (ANACT)[1]).

1. L'INRS a édité des guides d'évaluation des risques professionnels pour les PME-PMI, www.inrs.fr.

Favoriser le progrès des conditions de travail chez les fournisseurs, partout dans le monde

Les entreprises achètent dans toutes les régions du monde et les conditions de travail sont fort différentes d'un pays à l'autre.

- Pour les travailleurs de l'Union européenne les dispositions de la *Convention européenne des Droits de l'Homme* et de la directive-cadre n°89/391 du Conseil de Communauté européenne sur la protection des travailleurs demeurent exigibles.
- En revanche, pour les travailleurs des fournisseurs situés dans des pays où le droit des travailleurs est encore en devenir un grand nombre d'acheteurs des grandes entreprises dans des « pays de droit » demandent à leurs fournisseurs de souscrire aux *principes sociaux de Global Compact* en adhérant à la norme SA 8000 (Social accountability) dont la certification a été concédée en France à des organismes et auditeurs agréés.

Auditer les conditions de travail[1]

La recherche du respect des conditions de travail pourra être menée par l'acheteur à l'aide de grilles de questionnement de RSE soit par des organismes d'évaluation ou de notation.

Exemples de grilles de questionnement RSE[2]

CSR Europe,

CFIE,

1. Le CCIAS délivre des certificats de compétences d'auditeur social, volet RSE.
2. Cf. chapitre 7.

FTSE 4 Good,

Sullivan,

ORSE,

Amnesty International, CJDS

Exemples d' organismes d'évaluation ou de notation

Sam,

EIRIS,

VIGEO

Mettre en place des chartes « achats durables » ou des « chartes sociales »

Des chartes peuvent être mises en place. Ainsi de grands groupes français édictent des chartes d'achats durables, (tel Accor[1]) ou des chartes sociales internationales (telle Suez), dirigées sur les personnels de leurs filiales, de leurs fournisseurs.

2.2 Créer les conditions d'une bonne pratique du métier d'acheteur

La profession achat exige que les prestations soient menées par des personnes responsables, compétentes, motivées, intègres, formées en permanence.

Les acheteurs sont des « experts » de leur domaine dans le cadre d'une déontologie rigoureuse[2].

1. www.accor.fr
2. En annexe, code de déontologie d'acheteurs-IFPMM.

Dans son ouvrage « *Le contrat d'achat* »[1] Jean Lepage insiste sur le fait que l'acheteur doit disposer d'une marge suffisante de liberté et d'autonomie, d'attachement à son entreprise.

- *L'attachement à la réussite de son entreprise.* Par sa contribution à une gestion créative et compétitive, il doit faire preuve d'une juste mesure par sa recherche permanente de vérité des prix et l'utilisation rationnelle des matières et produits que consomme son entreprise. A ce titre il est créateur de valeur d'entreprise.
- *La liberté et l'ouverture d'esprit.* Par son esprit critique, il remet en cause les idées préconçues, les influences internes et externes, autant de règles et actions contraires à l'efficacité.
- *L'autonomie.* Par le développement de ses compétences professionnelles il passe d'une logique de l'obéissance à celle de responsabilité. Si les obligations d'un contrat sont définies par la loi, c'est par ses négociations, qui résultent davantage de l'éthique des fonctions d'acheteur et de vendeur, que du code du commerce, que l'acheteur fait contrepoids à la primauté du droit.
- *La crédibilité* qui permet, en créant sur le long terme un climat de confiance réciproque, d'entretenir une réputation de correction et de loyauté et de gagner ainsi la coopération des fournisseurs et celles des autres fonctions avec lesquelles l'acheteur interagit à tous les niveaux.
- *La qualification.* Comme tout professionnel l'acheteur doit être qualifié pour l'exercice des prestations dont il a la charge.

1. Lepage (J), Le contrat d'achat – Gualino éditeur, 2003.

Des profils de qualification

Le ROME[1] donne les profils de l'acheteur industriel et du commerce, qui peuvent servir de base pour la qualification, et non un modèle universel compte tenu de la diversité, la complexité et la technicité qui encadrent tout achat.

Pour chaque prestation d'achats d'une entreprise il sera opportun de procéder à l'élaboration du référentiel de l'expertise spécifique des acteurs de la fonction achat.

Protéger l'acheteur du danger de corruption

- Le plus grand danger, bien qu'il soit souvent dissimulé, consiste à mettre l'acheteur dans une situation incitant à la corruption.
- La recherche de la sécurité financière dans la chaîne des prestations d'achats demeure une préoccupation incontournable dévolue au contrôle interne de l'entreprise.

Assurer sa formation permanente

- La mise à niveau permanente des connaissances de l'acheteur, face à un monde en évolution constante et rapide, représente le deuxième impératif pour assurer des bonnes pratiques.

Créer les conditions du respect du secret professionnel

- Pris entre les secrets de la recherche et de la fabrication détenus par l'entité acheteuse et les spécifications à fournir au

1. Répertoire national des métiers et emplois, documentation française 1996.

fournisseur dans le contrat d'achats, l'acheteur doit veiller à préserver le secret professionnel dont il est dépositaire,par état et profession[1].

Favoriser l'émergence d'une délégation efficace

- Les risques inhérents à l'exercice d'une profession résultent des termes de la délégation de responsabilité (voir paragraphe 3.5.5 page 33).

Les responsabilités de l'acheteur au sein de l'entreprise peuvent se vérifier notamment au regard d'une délégation de pouvoirs du chef de l'entreprise vers l'un de ses salariés[a].

La délégation est le procédé par lequel un dirigeant d'entreprise transfère à l'un de ses salariés une partie de ses fonctions.

Ce transfert de pouvoir s'accompagne le plus osuvent d'un transfert de responsabilité pénale.

La jurisprudence retient notamment « que le chef d'entreprise peut être exonéré s'il est expressément constaté qu'il a délégué la direction d'un chantier, à un préposé, investi par lui et pourvu de la compétence et de l'autorité nécessaire pour veiller efficacement au respect des dispositions en vigueur ». (Cour de Cassation, ch. erim, janvier 1902)

L'existence d'un contrat de travail est la première condition mise à la reconnaissance d'une délégation valable.

Cela s'explique par la nécessité d'imposer une présence, un contrôle effectif et permanent pendant toute la période de risques.

De plus, le délégué doit être pourvu de la compétence et de l'autorité nécessaire. Il appartient au dirigeant de donner au délégué les moyens de sa compétence.

Même si la présence d'un écrit n'est pas nécessaire à la validité d'une délégation de pouvoirs, il est évident que l'écrit permettra plus facilement de prouver l'existence d'une telle délégation.

Pour examiner la validité d'une délégation de pouvoirs, les juges se reposent sur trois éléments afin de fonder leur intime conviction, à savoir :

1. Code pénal, ancien article 378, nouvel article 226.13, « révélation intentionnelle d'un savoir confiné et protégé ».

- l'existence d'un document ayant date certaine
- la délégation consentie à une personne pourvue de compétences, de l'autorité nécessaire pour agir efficacement
- l'acceptation expresse de la délégation

Enfin, la délégation de pouvoirs obéit au principe de spécialité. En effet, elle transfert d'une part, la charge de la responsabilité de l'activité déléguée et d'autre part, elle ne produit aucun effet à l'égard de délits apparus hors de l'activité déléguée.

Par délégation, ceux qui ont reçu pouvoir, sont mandatés généralement en cascade et quelquefois limités dans le temps mais le plus souvent en montant.

Attention, le mandataire n'est qu'un intermédiaire, c'est le représenté qui a qualité d'acheteur ou de vendeur.

Sur le plan pénal, l'excuse bien connue : « Je n'ai fait qu'exécuter un ordre », n'a aucune valeur, notamment lorsque le salarié a signé une délégation de pouvoir.

S'il décide de recourir, il doit prouver qu'il ignorait la portée de son acte, même s'il n'a tiré aucun profit personnel du délit.

La jurisprudence est claire : si par action ou par omission, un cadre se trouve impliqué dans les malversations de son entreprise, il devra rendre des comptes à la justice.

a. Selon Me Danièle Véret, cabinet Alain Bensousan.

3. Comment prendre en compte le développement durable

La RSP des achats doit s'attacher à prendre en compte constamment les quatre volets (économique, social, environnemental, éthique) du développement durable par la création d'un état d'esprit permanent de vigilance, tant à l'égard des parties prenantes impliquées qu'à la mobilisation permanente de leurs responsabilisation.

Mais sans sous-estimer les volets social et éthique, c'est dans « l'économie des matériaux, des ressources », appelée aussi éco-conception que la RSP des achats apparaît tout particulièrement interpellée. En reprenant les critères de l'éco-efficacité du Facteur 4, énoncé au paragraphe 3.3 page 22, l'acheteur pourra utiliser un guide d'éco-conception présenté ci-après.

L'éco-conception d'un produit éco-économique

Production

- Réduction quantitative des matières utilisées
- Réduction qualitative des matières utilisées
- Réduction de l'intensité énergétique
- Réduction d'usage d'espace
- Réduction des déchets
- Diminution des emballages
- Réduction des composants constituants

Utilisation

- Dématérialisation possible
- Réduction de l'entretien
- Maximisation des possibilités d'usage
- Augmentation de l'intensité et de la diversité des services apportés
- Usage locatif favorisé

Fin de vie

- Extension de la viabilité
- Augmentation de la durée de vie
- Capacité à être démonté, réparé, réutilisé
- Augmentation du recyclage
- Innocivité de la destruction
- Biodégrabilité

A retenir

- **Pour faire vivre sa RSP à travers ses prestations d'achat, toute entité se devra de privilégier une obligation de précaution à l'égard des parties prenantes, en particulier la condition des travailleurs.**
- **Les qualités techniques et morales des personnels concernés dans les prestations d'achat sont le gage d'une RSP génératrice de confiance au profit du « capital éthique ».**

CHAPITRE 6

Comment la profession achat peut-elle soutenir sa RSP ?

Dans ce chapitre, le lecteur verra comment un processus d'évaluation, de normalisation, de certification, éventuellement avec l'aide de la CDAF, peut permettre de faire entrer la RSP dans le quotidien de la vie, des acheteurs.

1. Comment évaluer la RSP des achats
2. Comment introduire des normes pour le management des achats
3. Comment évaluer les fournisseurs au regard de la RSP
4. Comment certifier le processus achat
5. Comment s'appuyer sur le réseau des acheteurs

1.Comment évaluer la RSP des achats

Pour évaluer une RSP, il convient de s'assurer que chacun des critères constitutifs des sept phases du processus a été examiné puis pris en compte dans la pratique des intervenants dans l'achat.

Le questionnement en 14 points clés d'appréciation de la page 48 bâtit un guide efficace pour mener cette évaluation.

- Un modèle est proposé dans le tableau ci-après.

Les constats positifs ou négatifs pourront être validés par l'usage d'une grille de vérifications afin de constater que les préoccupations traduisant les exigences d'une RSP à l'égard des parties prenantes ont bien été imputées lors de chaque phase du processus achat .

Guide d'analyse pour l'appréciation d'une RSP des achats[1]

N° des 14 questions clés	Questions appliquées à la RSP Achats
1 et 2	Les prestations professionnelles de l'acheteur dans l'entité où il exerce répondent-elles au dispositif fondamental du processus en sept phases, ou est-il complété par d'autres prestations ? Lesquelles ? Quelles conséquences sur les préoccupations, les parties prenantes ?
3	En sus des textes législatifs réglementant les achats, la profession de l'acheteur est-elle assujettie à des obligations spécifiques ? Exemple : produits soumis à des normes de fabrication, d'usage, à des surveillances sanitaires... ?
4	Les achats sont-ils concernés par des engagements de branche (*UIC, Care, Fla*), d'entreprise (*Global compact*) ?
5, 6	La profession d'acheteur exige-t-elle des connaissances et compétences particulières ? Exemple : technologiques, scientifiques, administratives... ?
7, 8, 9	La cartographie des parties prenantes et des risques, résultant de l'analyse faite, est-elle conforme à la réalité, doit-elle être améliorée ?
10	Quelles sont les contributions des responsables des achats, au reporting de la RSE, volontaire ou réglementaire (NRE) ? Quelles sont les informations du reporting global utilisables aux achats ?
11	Les processus des achats sont-ils l'objet d'un « contrôle interne », soumis à une cellule d'audit interne, et/ou soumis à être décrit dans le rapport de gestion du conseil d'administration, pour les entreprises assujetties ?
12,13	L'acheteur est-il adhérent à une association de « type corporatiste » et d'assistance *(Exemple : CDAF)* et de relations avec les parties prenantes ?
14	L'acheteur a-t-il accès aux centres de documentation, d'information, de veille économique, etc...

1. Ce guide est limité aux achats France.

Grille de vérification d›une RSP des achats

		Les 7 phases						
		I	II	III	IV	V	VI	VII
	Interfaces relations	Reconnais-sance besoins	Co-élaboration	Spécifications	Recherche fournisseur	Analyse propositions	Sélection choix	Formation du contrat
Préoccupations	Règlements							
	Engagements							
	Eco-économie							
	Environnement							
	Social							
	Ethique							
Parties prenantes	Entité demandeuse							
	Pouvoirs publics							
	Fournisseurs							
	Travailleurs							
	Autres services							
	Acheteur							

2. Comment introduire des normes pour le management des achats

La profession achat considérée comme une « entité » exerçant ses prestations selon un système de management dédié, devrait pouvoir répondre aux exigences de la norme ISO 9001/2000.

Dans cet esprit, les travaux d'ISO et de l'Afnor en particulier préparent, avec l'appui des organismes de la profession (CDAF), l'élaboration d'un guide d'application des normes ISO 9000 à la profession achat.

En préalable l'Afnor propose des normes pour le management des achats, en particulier la norme « FDX50 128 (mai 2003), lignes directrices pour le processus achats ».

3. Comment évaluer les fournisseurs au regard de la RSP

Autour des préoccupations sociales, les fournisseurs peuvent être évalués à l'égard de leur éthique sociétale selon les normes SA 8000, Investors in people, Sullivan, en matière de l'environnement à l'appui des normes ISO 14000, EMAS, et globalement en se référant à Global compact, GRI, CSR Europe, etc..

Les organismes de notation

En France, les notations peuvent être faites par des organismes spécialisés tels :

- VIGEO, www.vigeo.com
- Innovest, www.innovestgroup.com
- CIES, Comité intersyndical de l'épargne solidaire
  act-ecopye@cgt.fr
  sbailacq@cftc.fr
  lamy@cfecge.fr
  mgaraud@cfdt.fr
- ORSE, www.orse.org
- CFIE, www.cfie.net
- AEF www.aef.asso.fr

4. Comment certifier le processus achat

La certification d'un processus d'achat peut être donnée à partir de la norme ISO 9000, par un organisme certificateur (AFAQ, BVQI, SGS) et l'entremise d'auditeurs spécialisés certifiés par l'ICA, le CCIAS, etc. (cf chapitre 7).

5. Comment s'appuyer sur le réseau des acheteurs ?

Toute entreprise, tout acheteur désirant s'informer sur la manière d'impulser une RSP peut s'appuyer sur les associations membres de la fédération internationale des achats.

Les e-mails utiles

Fédération internationale des achats :

International federation of purchasing and materials management (200 000 acheteurs dans le monde) IFPMM, www.ifpmm.org :

- France : www.cdaf.asso.fr
- USA : www.nigp.org et www.ism.ws
- UK : www.ips.org

- Allemagne : www.bm.de
- Italie : www.adaci.it
- Autres membres sur www.ifpmm.org.

France

- Cdaf, Compagnie des dirigeants et acheteurs de France, www.cdaf.asso.fr
- Club laboratoire des acheteurs de prestations intellectuelles, www.wp-conseil.fr
- Adra, www.infoadra@yahoo.fr

A retenir

Pour s'engager concrètement dans la voie du développement durable et soutenir sa RSP correspondante, la profession achat devrait chercher à se fondre dans un « système de management intégré » [1] ; l'appui d'un univers documentaire en constitue le préalable essentiel.

1. L. Levêque, S. Mathieu, Les clés du management intégré – Afnor, 2003.

CHAPITRE 7

Comment s'informer en continu[1]

Dans ce chapitre le lecteur prendra connaissance d'un univers documentaire sur lequel il peut s'appuyer dans sa recherche du déploiement d'une RSP appliquée à ses propres prestations.

1. Les instances multilatérales
2. Les conventions et déclarations
3. Le cadre réglementaire français
4. L'univers des dispositifs
5. Les normes standards, labels, documentation
6. Les ressources d'information
7. Les organisations représentatives de la société civile

1. Liste dressée à partir de « la RSE », Igalens (J) et Joras (M) - Éditions d'Organisation, 2002.

1. Les instances multilatérales

les organismes internationaux et européens

- ONU et PNUE : www.unep.org
- OMC (Organisation Mondiale du Commerce) : www.wto.org
- OCDE (Organisation de Coopération et de Développement Économique) : www.oecd.org
- OIT (Organisation Internationale du Travail) : www.ilo.org
- L'UNION EUROPEENNE : www.europa.eu.int (Commission des communautés européennes)
- CISL, Confédération internationale des syndicats libres : www.icftu.org
- CCI, Chambre de commerce internationale : www.cci.org

2. Les conventions et déclarations

- Accords OMC, Doha Round, Genève 2004
- Charte des droits sociaux fondamentaux des travailleurs UE : www.europa.eu
- Charte Droits fondamentaux UE, Nice, décembre 2000
- Consensus de Monterey ONU, Conférence Mars 2002
- Convention pénale anti-corruption OCDE : www.oecd.org
- Déclaration de Rio, Agenda 21, 1992 : www.sommetjohannesburg.org
- Projet de Traité pour la Constitution européenne, 18 juin 2004
- Déclarations triparties 1998 et Principes et droits fondamentaux OIT du travail : www.ilo.org
- Livre vert CCE, 18 juillet 2001 : www.europa.eu.int
- Principes directeurs OCDE Entreprises multinationales, 2000 : www.oecd.org
- Traités de l'Union européenne, Maestricht 1992 et Amsterdam, www.europa.eu.int

3. Le cadre réglementaire français

(www.legifrance.gouv.fr)

- Loi sur établissements classés, 19 juillet 1976, n° 76-163
- Loi Bilan Social, 12 juillet 1977, n° 77-769
- Règlements COB, 98/01/08 et 95/01
- Loi Barnier, 2 février 1995, n° 95-101
- Loi NRE, 15 mai 2001, n° 2001.420
- Arrêt 27/02/02 – Chambre sociale Cour de Cassation
- Document unique, circulaire DRT, 18 avril 2002
- Loi sur risques technologiques, 30 juillet 2003, n° 2003-699
- Loi sécurité financière, 1er août 2003, n° 2003-716

4. L'univers des principaux dispositifs autour de la RSP

- 1 : Codes de bonnes conduites globales
  - Afnor, SD 21000, 2004 : www.afnor.org
  - CSR : www.csreurope.org
  - Global Sullivan Principles : www.globalsullivanprinciples.org
  - GRI : www.globalreporting.org
  - United Nations Global compact : www.unglobalcompact.org
  - WBCSD : www.wbcsd.ch
- 2 : Principes d'évaluation
  - AA 1000 : www.accountability.org.uk
  - HQE : www.hautequaliteenvironnementale-org
  - IFEN : www.ifen.org
  - Sigma project : www.projectsigma.com
- 3 : Organismes d'évaluation
  - CENTRE INFO : www.centreinffo.ch
  - Corporate responsibility exchange : www.londonexchange.com
  - EIRIS : www.eiris.org
  - ETHIBEL : www.ethibel.org
  - FTSE 4 good : www.ftoe4good.com

  - Innovest : www.innovestgroup.com
  - KLD : www.kld.com
  - SAM : www.sam-group.com
  - VIGEO : www.caissedesdepots.org
- 4 : Organismes consultants
  - CFIE : www.cfie.net
  - IAS : www.audit-social.com
  - OASIS : www.oasis-tv.net
  - ORSE : www.orse.fr
  - UFC Que choisir : www.quechoisir.org
- 5 : Organismes certificateurs
  - AFAQ : www.afaq.fr
  - BVQI : www.bvqi.fr
  - CCIAS : www.ccias.org
  - SGS : www.sgs.com
- 6 : Organismes du chiffre
  - Académie des Sciences et techniques comptables et financières : www.academie.info
  - Compagnie des Commissaires aux comptes : www.cncc.fr
  - IFAC (Fédération Internationale des comptables : www.ifac.org
  - Ifaci (Institut français du contrôle interne) : www.ifaci.fr
  - Ipao (Institut des professionnels associés à l'ordre des experts comptable) : www.ipao.net
  - Ordre des Experts Comptable : www.experts-comptable.fr

5. Les normes, standards, labels

- AFNOR SD 21000 : www.afnor.fr
- Artisans du Monde: www.artisansdumonde.com
- BS OHSAS 18000 : www.ohsas.com
- EA (European Co-operation for Accreditation) : www.european-accreditation.org
- EMAS, ECOAUDIT : www.europa.eu.int
- FLA : www.fairlabor.org
- INVESTORS IN PEOPLE : www.iipuk.co.ik
- ISO 14000 : www.iso.ch
- ISO 9000/2000 : www.iso.ch
- SA 8000, CEPAA : www.cepaa.org
- UIC Responsablecare : www.iuc.fr

6. Les ressources d'information

- ADEME : www.ademe.fr
- AEF, Association d'économie financière : www.aef.asso.fr
- AFGE, Association française pour le gouvernement d'entreprise
- AGORA 21 : www.agora21.org
- AGRH : www.agrh.org
- ANDCP : www.andcp.fr
- CCI : www.iccbo.org
- CCIP : www.ccip.fr
- CDAF : www.cdaf.asso.fr
- CEA (Cercle d'Ethique des Affaires) : www.enpc.fr
- Cercle d'Etudes pour le Développement sociétal, Paris (CE.DS) : www.ce-ds.asso.fr
- CHEE, Collège des hautes études de l'environnement et du développement durable, Ecole centrale, Paris : www.chee.ecp.fr
- CIS, Centre international d'information de sécurité et santé au travail: sechyg@ilo.org
- COMITE 21 : www.comité21.asso.fr
- EPE : www.epe.asso.fr
- Groupe Préventique: www.preventique.org
- IAS : www.audit-social.com

- Institut qualité et management : www.iqm.fr
- MEDEF : www.medef.fr
- Ministère de l'environnement : www.environnement.gouv.fr
- NOVETHIC : www.novethic.fr
- UDA, Union des annonceurs : www.uda.fr
- WORLD CSR : www.worldcsr.com

7. Les organisations représentatives de la société civile[1]

- AMNESTY International : www.amnesty.org
- ATTAC : www.attac.org
- BAHA'I Business for Respect of Life : www.cri.org
- Cap 21: www.cap21.net
- CCC : Coordination clear clothes campaign
- Comité catholique contre la faim et pour le développement : www.ccfd.asso.fr
- CONVICTIONS : www.convictions.org
- ETHIQUE sur l'étiquette : www.crc-conso.com/ethic
- FIDH Droits de l'homme, Fédération nationale : www.fidh.org
- FLA : Fair Labor Associate, www.fairlabor.org
- France Nature Environnement : www.francenatureenvironnement.org
- Friends of the earth, amis de la terre : www.foe.org
- FWF : Fair wear foundation
- GREENPEACE : www.greenpeace.org
- Human Right Watch : www.hrw.org

1. Les OSG sont également dénommées ONG (Organisations non gouvernementales).

- IFTDO : www.iftdo.org
- OMCT, Organisation Mondiale contre la Torture
- OXFAM : www.oxfam.org.uk
- Transparency : www.transparency.org
- UICN, Union mondiale pour la nature : www.elc-uicn.org
- WWF : www.wwf.org

Annexes

Annexe 1

La permanence de la responsabilité individuelle, « droit civique »

Indépendamment de toute activité organisée (métier, fonction, emploi…) et de façon constante, en France, tout individu doit assumer sa qualité de citoyen, de « bon père de famille », pris dans le carcan du code civil et du code pénal, et ce tout en respectant scrupuleusement les exigences modelées par la jurisprudence des tribunaux dans les autres codes spécialisés (environnement, santé, commerce, travail, etc.).

Cette responsabilité individuelle est centrée d'une part autour des articles 1382 et 1383-1384 du code civil, sur la réparation des dommages et d'autre part sur les articles 121-1 et suivants du code pénal qui visent la mise en œuvre de la responsabilité de l'auteur d'une infraction.

Cette responsabilité individuelle peut être abordée sous plusieurs angles :

- responsabilité civile,
- responsabilité pénale,
- responsabilité administrative.

Cette construction « romano-germanique » dite de droit écrit, en opposition au *common law* saxon, repose avant tout sur la souveraineté de l'individu dans le domaine privé, comme l'énonce l'article 1134 du code civil :

« *les conventions légalement formées tiennent lieu de loi à ceux qui les ont faites* ».

Responsabilité civile

La responsabilité civile résulte du dommage causé à autrui, de son fait. Et celui-ci est qualifié de fautif dès lors qu'il y a préjudice : elle a pour objectif de protéger l'individu et appelle réparation. Elle se traduit par le rétablissement de la situation antérieure, soit par le versement de dommages et intérêts. Trois articles dressent le cadre :

- « Art 1382. *Tout fait quelconque de l'homme qui cause à autrui un dommage oblige celui par la faute duquel il est arrivé à le réparer*.
- Art 1383. *Chacun est responsable du dommage qu'il a causé non seulement par son fait, mais encore par sa négligence ou par son imprudence.*
- Art 1384. *On est responsable non seulement du dommage que l'on cause par son propre fait, mais encore de celui qui est causé par le fait des personnes dont on doit répondre, ou des choses que l'on a sous sa garde.* »

Pour ce qu'il est de la responsabilité trois éléments sont nécessaires : le *fait générateur*, l'événement à l'origine de l'affaire ; le *préjudice*, le tort, le dommage, l'atteinte aux intérêts ; le *rapport de causalité*, l'événement doit être la cause du tort[1].

1. Seillan (H) 1999.

Responsabilité pénale

La responsabilité pénale suppose une infraction à une règle légale prédéfinie : elle vise à protéger la société et elle implique une punition. La responsabilité pénale ayant pour fonction de déterminer quelles sont les personnes susceptibles d'être déclarées responsables d'une infraction pénale et donc de subir une peine, il s'agira de savoir quelles sont les règles de droit qui y sont applicables[1].

L'imputabilité de l'infraction repose sur trois éléments : un fait personnel, une faute consistant dans un manquement aux diligences normales, et un manquement fautif ayant permis l'infraction.

– Fait personnel : article 121.1 du Code pénal « *nul n'est responsable que de son propre fait* ».

– Manquement fautif aux diligences normales : l'article 121.3 de la loi du 13 mai 1996, repris dans la loi 2000.647 du 10 juin 2000 précise : « *il y a également délit, lorsque la loi le prévoit, en cas de faute d'imprudence, de négligence ou de manquement à une obligation de prudence ou de sécurité prévue par la loi ou le règlement, s'il est établit que l'auteur des faits n'a pas accompli les diligences normales compte tenu, le cas échéant, de la nature de ses missions ou de ses fonctions, de ses compétences ainsi que du pouvoir et des moyens dont il disposait. Dans le cas prévu par* l'alinea *qui précède, les personnes physiques qui n'ont pas causé directement le dommage, mais qui ont créé ou contribué à créer la situation qui a permis la réalisation du dommage ou qui n'ont pas pris les mesures permettant de l'éviter, sont responsables pénalement s'il est établi qu'elles ont, soit violé de façon manifestement délibérée une obligation*

1. Seillan (H)

particulière de prudence ou de sécurité prévue par la loi ou le règlement, soit commis une faute caractérisée et qui exposait autrui à un risque d'une particulière gravité qu'elles ne pouvaient ignorer. ». L'existence de la faute d'imprudence constitue en quelque sorte le manquement aux « diligences normales ».

c) Un manquement fautif ayant permis l'infraction : « *il importe qu'il y ai causalité et pouvoir* »[1]. « *Aucune infraction ne pouvant être retenue contre une personne qui y serait matériellement et intellectuellement étrangère, on peut en revanche déduire du principe que l'existence d'une relation causale entre une personne et une infraction est une condition nécessaire de la responsabilité. Lorsque l'obligation est faite à un système collectif ou encore lorsque la recherche causale dirige l'attention sur son fonctionnement, une seule personne pouvant être envisagée comme responsable, c'est le critère du pouvoir qui entre en jeu. On entendra par pouvoir la capacité autonome de décision. Celle-ci suppose une liberté de décision, dans un sens ou dans un autre, c'est-à-dire également la liberté de ne pas décider.* »

Responsabilité administrative

En sus des responsabilités civiles et pénales, certains professionnels peuvent se trouver impliqués dans le contexte d'une responsabilité administrative qui traduit l'obligation pour l'administration de réparer les dommages causés par son action.

Ses règles sont différentes de celles appliquées aux particuliers. Un juge administratif intervient pour veiller au respect des

1. Seillan (H), Responsabilité pénale, synthèse n°6 - Préventique (1999).

règles par l'administration, les services publics et les personnes morales de droit public.

Annexe 2

Les dix principes du Global Compact (ONU)

Principe 1

Les entreprises sont invitées à promouvoir et à respecter la protection des droits de l'homme internationalement proclamés dans leur sphère d'influence.

Principe 2

A veiller à ce que leurs propres compagnies ne se rendent pas complices de violations des droits de l'homme.

Principe 3

Les entreprises sont invitées à soutenir la liberté d'association et à reconnaître le droit de négociation collective.

Principe 4

L'élimination de toutes les formes de travail forcé ou obligatoire.

Principe 5

L'abolition effective du travail des enfants.

Principe 6

Et l'élimination de la discrimination en matière d'emploi et de profession.

Principe 7

Les entreprises sont invitées à appliquer l'approche de précaution face aux problèmes touchant l'environnement.

Principe 8

A entreprendre des initiatives pour promouvoir une plus grande responsabilité en matière d'environnement.

Principe 9

A encourager le développement et la diffusion de technologies de l'environnement.

Principe 10

Agir contre la corruption sous toutes ses formes incluant l'extorsion de fonds et les pots-de-vin.

Annexe 3

Code de déontologie de l'acheteur

L'IFPMM (International federation of purshasing and materials management[1]) propose dix critères pour un code de déontologie de l'acheteur professionnel.

1 : considérer en premier lieu l'intérêt de l'entreprise, avoir confiance en sa politique et l'appliquer.

2 : être attentif aux conseils éclairés de ses collègues et les suivre sans nuire à la dignité ni aux devoirs de sa charge.

1. IFPMM (po.box131.A.1014vienne.austria), regroupe 40 associations nationales d'acheteurs.

3 : acheter sans idées préconçues, en cherchant la valeur vraie maximale en échange de chaque dollar dépensé.

4 : s'efforcer, en conséquence, de bien connaître les matières et les procédés de fabrication et appliquer les méthodes pratiques dans l'accomplissement de sa fonction.

5 : défendre et pratiquer l'honnêteté et la vérité dans les achats et dénoncer toutes formes et procédés de corruption commerciale.

6 : accueillir avec promptitude et courtoisie, dans la mesure où les circonstances le permettent, tous les visiteurs chargés d'une mission commerciale légitime.

7 : respecter ses propres engagements et exiger que l'on respecte ceux qui ont été pris à son égard et à ceux de son entreprise, compatibles avec des pratiques commerciales saines.

8 : éviter les procédés indélicats.

9 : conseiller et assister ses collègues acheteurs dans l'accomplissement de leur tâche lorsque l'occasion s'en présente.

10 : coopérer avec tous les organismes et les personnes s'adonnant à la défense de la moralité des achats.

Bibliographie

Ouvrages

La RSP

Afnor, Guide SD 21000, 2001.

Ballet J. et de Bry F., *L'entreprise et l'éthique* – Seuil économie, 2001.

Beck U., *La société du risque* – Aubier, 1986.

Brown L.R., Eco-économie – Seuil, 2003.

Commission des communautés européennes, *Livre vert*, 2001.

Coupers/Ifaci, *La nouvelle pratique du contrôle interne* – Éditions d'Organisation, 2002.

Igalens J., *Tous responsables* – Éditions d'Organisation, 2004.

Igalens J. et Joras M., *La responsabilité sociale de l'entreprise* – Éditions d'Organisation, 2002.

Jonas H., *Principe responsabilité* – Cerf, Paris.

Joras M., *Le bilan de compétences* – Que sais-je ? n ° 2979, 1995.

Joras M., *Les fondamentaux de l'audit* – Préventique, Bordeaux, 2000.

Levêque L., Mathieu S., *Les clés du management intégré*, Afnor, 2003.

de Maillard J. et C., *La responsabilité juridique* – Flammarion-dominos, 1992.

Mercier S., *L'éthique dans les entreprises* – la Découverte, 1999.

Morvan J., *Management de la sécurité* – Préventique, 1998.

OCDE, *Les principes directeurs à l'intention des entreprises multinationales*, 2000.

Pesqueux Y. et Biefnot Y., *L'éthique des affaires* – Éditions d'Organisation, 2002.

Salomon R. et Hanson K., *La morale des affaires* – Éditions d'Organisation, 1989.

Seillan H., *Responsabilité pénale synthèse n°6* – Préventique, Bordeaux, 1999.

le Tourneau P., *La responsabilité civile professionnelle*, Economica, 1995.

Veront M., *Droit pénal des affaires* – A. Colin, 1997.

von WeizsäckerE., Lovins A.B. et Lovins L.H., Facteur 4 – Terre vivante, 2002.

La RSP Achat

Afnor, Norme FDX 50.128 *lignes directrices pour le processus d'achat, 2003.*

Durand J.P., *Les achats* – Gualino, 2002.

Entreprise éthique, Quelle éthique pour la fonction achats, n°17, 2002.

Hervier Guy, *Optimiser vos achats* – Éditions d'Organisation, 2003.

INC, Consommer durable, n°112 août 2003

Legouge Dominique, *Nouveau code des marchés publics* – Éditions d'Organisation, 2004.

Lepage Jean, *Le contrat d'achat* – Gualino, 2003.

N'Guyen Madeleine, *Importer* – Éditions d'Organisation, 2004.

Périodiques et revues françaises

Alternatives économiques (www.alternatives-economiques.fr) *(mensuel)*

Cultures en mouvement (www.culturesenmouvement.fr) *(mensuel)*

Entreprise éthique (www.cerlce-ethique.net) *(trimestriel)*

Le Monde initiatives (initiatives@lemonde.fr) (mensuel)
Personnel (www.andcp.fr) *(mensuel)*
Préventique sécurité (www.preventique.org) *(mensuel)*
Profession achat (www.cdaf.asso.fr) *(mensuel)*
Sciences humaines (www.scienceshumaines.fr) *(mensuel)*

www.ingramcontent.com/pod-product-compliance
Ingram Content Group UK Ltd.
Pitfield, Milton Keynes, MK11 3LW, UK
UKHW050920270726
13994UKWH00011B/2453